EINSATZ IN 4 WÄNDEN

EINSATZ IN 4 WÄNDEN

SCHRITT FÜR SCHRITT VON DER PLANUNG ZUM FERTIGEN ERGEBNIS

vgs EGMONT

Die Informationen und Anleitungen in diesem Buch sind von Autorin und Verlag nach bestem Wissen und Gewissen sorgfältig erwogen und geprüft. Autorin und Verlag übernehmen keinerlei Haftung für etwaige Personen- oder Sachschäden, die sich aus dem Gebrauch oder Missbrauch der in diesem Buch vorgestellten Tipps und Informationen ergeben.

Deutsche Bibliothek – CIP-Einheitsaufnahme
Bibliografische Information Der Deutschen Bibliothek
Die Deutsche Bibliothek verzeichnet diese Publikation in der Deutschen Nationalbibliografie; detaillierte bibliografische Daten sind im Internet über http://dnb.ddb.de abrufbar.

Bildnachweis:
Umschlagfoto vorne: © Stephan Wieland
Videograbs: hergestellt von 24/25 Timeline Unit Gbr
Fotos »Tines Tipps!«: S.12, 15, 20, 32, 41, 56, 62, 67, 74, 85, 94, 98, 116, 123, 130, 132 sowie S.6 (links unten), 19, 109 © Stephan Wieland

Redaktion: Michael Büsgen
Lektorat: Tanja Dürdoth
Bildredaktion: Bernhard Fischer
Produktion: Susanne Beeh, Jutta Wallrafen
Umschlaggestaltung, Layout und Satz: Metzgerei Strzelecki, Grafikdesign + Illustration, Köln
Printed in Germany
ISBN 3-8025-1689-3
ab 01.01.2007
ISBN 978-3-8025-1689-4

www.vgs.de

VORWORT 8

1 KÜCHE

Klein, aber funktional
PROBLEMZONE KÜCHENZEILE I 10

Ordnung ins Chaos
PROBLEMZONE KÜCHENZEILE II 13

Richtig tafeln!
PROBLEMZONE ESSTISCH I 16

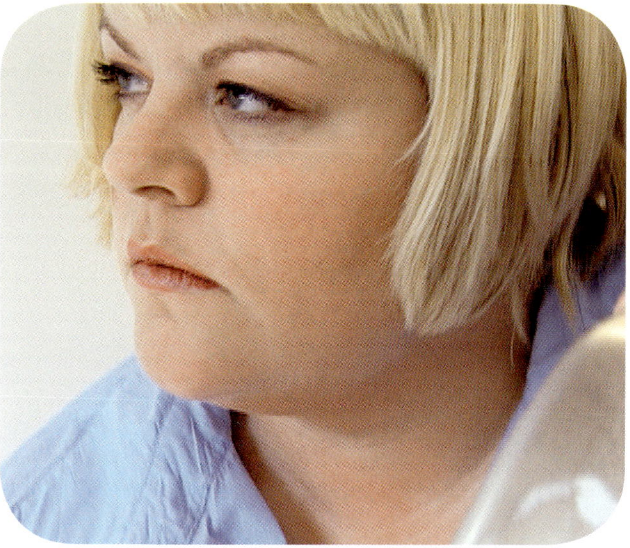

Verstaubte Eckbank
PROBLEMZONE ESSTISCH II 18

Küchenökonomie
DIE ARBEITS- UND ESSBEREICHKOMBI 21

DER ARBEITSBLOCK 24

Regalfantasien
PROBLEMZONE STAURAUM I 28

Hängepartie
PROBLEMZONE STAURAUM II 33

2 SCHLAF-ZIMMER

DAS BETT ALS RUHEINSEL 36

STAURAUM IM SCHLAFRAUM I 39

STAURAUM IM SCHLAFRAUM II 43

LICHT AM BETT 46

EIN ARBEITS- IM SCHLAFZIMMER 49

EIN ORIENTALISCHES SCHLAFGEMACH 53

3 MULTIFUNKTIONSZIMMER

DAS BETT IM BÜRO 58

DAS WOHN-SCHLAFZIMMER 63

DAS SCHLAF-WOHNZIMMER 68

DAS WOHN-SCHLAF-ESSZIMMER 72

Exkurs
KLEINE ARBEITSNISCHEN INTEGRIEREN 75

4 WOHNRAUM

ORIENTALISCHE LÄSSIGKEIT 82
KLEINE FENSTERNISCHEN 86
VERSTECKTER HEIZKÖRPER 89
MODERNE KONTRA BAROCK AUS GELSENKIRCHEN 92
AUFGERÄUMTE REGALIDEE 96
MEDITERRANES FLAIR 99
DUNKELKAMMER GEGEN HELLE LEICHTIGKEIT 103
GENIALES GEGEN PLATZNOT 106

5 KINDER- UND JUGENDZIMMER

ES LEBE HOCH: DAS BETT! 110
ES LEBE ZWEIMAL HOCH: DAS BETT! 113
EINE BÜCHERWAND GEHT AN DIE DECKE 117
EINE LEUCHTWAND IM RETRO-RAUM 121
ZWEI BETTEN FÜR DIE BRÜDER 125

DER BEGEHBARE KLEIDERSCHRANK 129
EIN KINDERTRAUM IN ROSA 133
EIN KREISRUNDES KINDERPARADIES 136

REGISTER 141

VORWORT

Wohnen kann man auf ganz unterschiedliche Arten

Für manche Menschen bedeutet die Wohnung lediglich eine Postanschrift und ein Dach über dem Kopf. Wie es darin aussieht, ist ihnen nicht weiter wichtig – Hauptsache, die Bude erfüllt ihre Funktion. Andere Menschen verbinden mit dem Wohnen sehr viel mehr: Für sie ist ihre Wohnung ein Lebensgefühl; eine Möglichkeit, Vorlieben und Persönlichkeitsmerkmale auszudrücken, so wie man es auch mit Kleidung oder Hobbies tun kann.

Beide Arten zu wohnen haben ihren Vorteil. Die erste ist ausschließlich praktisch orientiert; hier kommt man mit dem Nötigsten aus, und überflüssiger Schnickschnack bleibt in der Regel draußen. Die zweite Art zu wohnen kann Bedürfnisse erfüllen, die weit über das Grundbedürfnis des Wohnens hinausgehen: Eine Wohnung der zweiten Art vermag ihre Bewohner immer wieder aufs Neue »einzuladen«. Und sie regt die Fantasie an: In Wohnungen der zweiten Art lässt man Augen und Gedanken gern umherstreifen, während der Rest der Welt – bis auf willkommene Gäste natürlich! – draußen bleibt. Kurzum: Wohnungen der zweiten Art sind ein wirkliches Zuhause.

Ich persönlich bin ein »Mischtyp« aus sowohl dem praktisch orientierten als auch dem ästhetischen »Wohner«: Ich mag – und brauche! – es, schön zu wohnen; aber wenn etwas in der Wohnung nur schön und dabei unpraktisch ist, dann treibt mich das in den Wahnsinn. Unser Team von *Einsatz in 4 Wänden* hat bei seinen bisher über 250 Einsätzen immer versucht, beiden Ansprüchen gerecht zu werden. Die Entwürfe sind farbenfroh und lebendig, wollen natürlich auch dem Auge gefallen, in erster Linie aber sind sie so praktisch und bedarfsorientiert wie möglich – wer wohnt, muss auch benutzen, anfassen und ausprobieren können!

Manche unserer hier gezeigten Tricks und Kniffe sind ganz einfach nachzumachen, für andere braucht man schon ein wenig mehr Geschick – aber eines haben sie alle gemeinsam: Sie holen aus dem vorhandenen Platz und den gegebenen Umständen das Bestmögliche heraus, und das ohne große Investitionen. Wenig Geld und ein wenig mehr Fantasie – mehr braucht es in der Regel nicht, um aus vier Wänden und einem Dach mehr zu machen als nur eine Schlafstätte. Die folgenden Seiten sind vollgestopft mit Fantasie! Egal, ob Sie konkret etwas nachbauen oder sich einfach nur inspirieren lassen wollen – danach haben Sie hoffentlich ganz viel Lust, Farbe in Ihr Leben zu bringen, das Schleifpapier zu schwingen oder auch nur schlicht zu entrümpeln. Viel Vergnügen dabei: Werden Sie renovierungswütig – es lohnt sich!

Tine Wittler

1

ALTE FUNKTIONALITÄT UND NEUE GEMÜTLICHKEIT

DIE KÜCHE

Die Küche ist wohl der Raum, der in den letzten zehn Jahren hinsichtlich der Ansprüche die größte Veränderung erfahren hat. Was früher ein einfacher, relativ kleiner Funktionsraum mit meist entsprechend kleinem Esstisch war, kann heute oft gar nicht groß und gemütlich genug sein. Und das aus einem einfachen Grund: Immer mehr Menschen finden Spaß am Kochen. Und sie haben Spaß daran, Freunde einzuladen, um gemeinsam zu verspeisen, was da an Heimes Herd gebrutzelt, gedämpft und zusammengerührt wurde. Immer häufiger trifft man heute in Wohnungen und in Häusern mit modernem Zuschnitt auf große Küchen, in denen auch ein großer Esstisch Platz findet. Sehr beliebt sind zunehmend auch offene Küchen, die – wie der Essbereich – in den Wohnbereich integriert sind.

In den meisten Häusern älteren Zuschnitts oder in kleinen Wohnungen gibt es in der Regel aber nur relativ kleine Küchen. Besonders in diesen Küchen sollte man auf ein hohes Maß an Funktionalität (vor allem bei der Organisation der Kochzeile) achten. Spezielle Stauraumlösungen können manchmal wahre Platzwunder zur Folge haben. Oft sind Multifunktionslösungen das Maß der Dinge. Und selbst in der kleinsten Küche sollten bei der Einrichtung auch die Wohnlichkeit und die Gemütlichkeit nicht vergessen werden. Denn auch in kleinen Küchen hält man sich gerne auf. Weil es hier etwas zu essen und zu trinken gibt. Und weil man dabei so herrlich zusammenhocken und quatschen kann.

KLEIN, ABER FUNKTIONAL

PROBLEMZONE KÜCHENZEILE I

Eine Küchenzeile, wie man sie häufig vorfindet: An einer relativ kurzen Küchenwand müssen drei technische Geräte (Herd, Spül- und Waschmaschine) sowie das Spülbecken untergebracht werden.

Das Problem

Wer, wie hier, die einzelnen Funktionseinheiten einfach nebeneinander stellt, hat keine zusammenhängende Arbeits- oder Abstellfläche, sondern nur sehr begrenzte Oberflächeneinheiten – und die auch noch in unterschiedlicher Höhe. So stauen sich hier z.B. die täglich benötigten Küchenutensilien auf der kleinen Fläche der Waschmaschine und drohen bei Inbetriebnahme permanent ins Spülbecken zu fallen. Zudem sieht die Front uneinheitlich und sehr technisch aus, was von dem vorherrschenden Weiß der Geräte, der Wand und des Spritzschutzes noch unterstrichen wird. Der Gesamteindruck ist eher unordentlich und nicht sonderlich wohnlich, was von den Mietern – einer sympathischen, jungen Kleinfamilie – in diesem Fall jedoch besonders gewünscht war, da sich ihr Familienleben hauptsächlich in der Küche abspielt.

Sehr unökonomisch sind auch die Regale über dem Spritzschutz, das höhere der beiden ist nämlich nur für Riesen erreichbar – alle anderen Bewohner müssen schon auf eine Leiter steigen, um hier dranzukommen.

Das als Spritzschutz ursprünglich angebrachte Fliesenband über der Küchenzeile ist von ausgesuchter Hässlichkeit. Von den Bewohnern wurde es nicht umsonst mit einer Folie übergeklebt, die ein schwarz-weißes Rautenmuster aufweist. Eigentlich keine schlechte Idee, die aber dem Wunsch nach einer gemütlichen Wohnküche nicht unbedingt entgegenkommt.

SO GEHT'S AUCH!

DIE LÖSUNG

Einfach, aber gut!

Die Arbeits- und Abstellfläche wurde vereinheitlicht und auf eine zusammenhängende Ebene gehoben, indem eine durchgehende Arbeitspatte über die gesamte Länge der Küchenzeile (abgesehen von der Herdplatte) angebracht wurde. Die Spüle ist in die Arbeitsplatte integriert, indem der dafür notwendige Raum einfach ausgesägt wurde. Nun hat man genügend Platz, um das Essen vorzubereiten und die wichtigsten Küchenutensilien in Reichweite sicher abzustellen.

Spritzschutz-Tipp

Der Spritzschutz an der Wand hinter einer Küchenzeile kann über seine rein funktionale Bedeutung hinaus auch einen ästhetischen Wert für die Gesamtansicht einer solchen Küchenzeile haben, wenn man beispielsweise eine kräftige Farbe wählt.

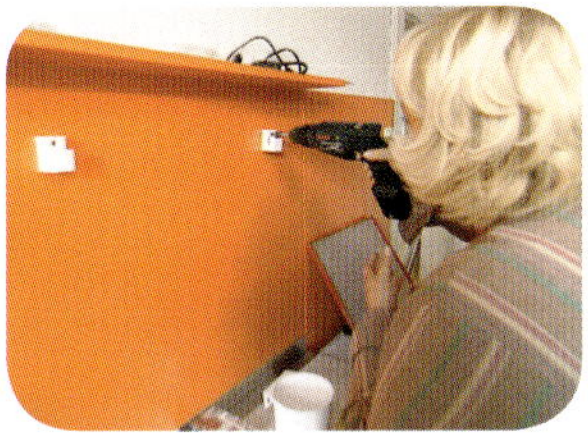

Der neue Spritzschutz aus MDF (Mitteldichte Faser) wird über die Länge der gesamten Arbeitsplatte angebracht. Hinter der mit Schrauben an der Wand befestigten MDF-Platte verschwinden so die alten Fliesen. Die MDF-Spritzschutz-Regal-Kombi ist lackiert und somit leicht zu reinigen – was im Küchenbereich ja nicht ganz unwichtig ist.

An der MDF-Platte werden in angemessener Höhe Schienen angebracht, die als Hängevorrichtung für weiße Töpfchen zur Aufbewahrung von Küchenkräutern oder anderen Utensilien in greifbarer Nähe über dem Arbeitsbereich dienen.

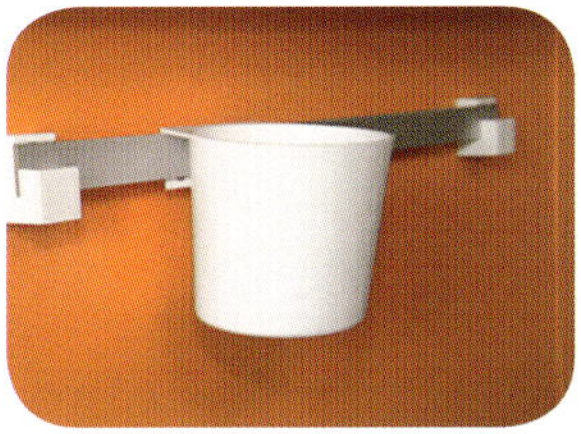

Das Weiß der Töpfchen steht in einem schönen Kontrast zu dem Orange des Hintergrunds. Diese Form der Aufbewahrung ist nicht nur sehr praktisch, sie sieht – gefüllt mit dem Grün der frischen Küchenkräuter – auch noch ausgesprochen appetitlich aus.

Tines Tipp!

Küchengeräte geschickt verstecken

Waschmaschine, Trockner, Spülmaschine – meistens sind Küchengeräte kein besonders schöner Anblick, und jene Geräte, die einen Designpreis gewinnen, kann sich niemand leisten. Spülmaschinen sind das kleinere Problem; oft kann man sie zu einem geringen Aufpreis mit einer dem Rest der Küche angepassten Front bekommen. Bei Waschmaschine und/oder Trockner wird es schon schwieriger. Ich habe mir für die Geräte deshalb kostengünstig eine Verkleidung bauen lassen: Die Oberfläche bietet durch die Birkenplatte aus dem Baumarkt zusätzliche Arbeitsfläche. Die Türgriffe sind die gleichen, die sich auch an den übrigen Küchenschränken befinden – so sieht alles aus wie aus einem Guss. Ach ja, eine Kleinigkeit gibt es zu beachten: Bedienknöpfe und -rädchen an den Maschinen stehen manchmal ein bisschen vor – falls diese beim Ausmessen vergessen werden, kann es beim Einbau ein böses Erwachen geben! Eine Verkleidung für die Waschmaschine sollte ohnehin ein wenig Spiel haben, was die Maße betrifft. Schließlich gerät der Korpus beim Schleudern durchaus mal in Bewegung!

Gardinenzauber

Eine pfiffige Idee und sehr leicht zu realisieren: Die Front der technischen Geräte verschwindet hinter einer Gardine, die man nur zur Seite zu ziehen braucht, um an den Stauraum unter der Spüle oder an die Tür der Spülmaschine zu gelangen. Die Anbringung ist denkbar einfach: Gardinenschiene auf die Länge der Arbeitsplatte kürzen, unter der Vorderkante mit Schrauben anbringen, Stoff zuschneiden und mit dem entsprechenden Führungssystem versehen, in die Schiene einziehen – fertig.

Der neue Spritzschutz aus orange lackiertem MDF wurde einfach über dem alten Fliesenband mit der Wand verschraubt. Der als Abstellfläche im rechten Winkel abstehende obere Abschluss ersetzt die beiden alten Regale. In dieser Höhe ist nun alles für jedermann und jederzeit erreichbar. Hier lassen sich auch völlig problemlos einfache Klemmlampen anbringen, die die Arbeitsfläche hinreichend ausleuchten.

Die gesamte Front des Bereiches unter der Arbeitsplatte ist hinter einer hellen, sandfarbenen Gardine optisch gut versteckt. In Kombination mit dem warmen Farbton der orange lackierten MDF-Platte und der hellen Arbeitsplatte ergibt sich ein insgesamt sehr wohnlicher, freundlicher Gesamteindruck – was in diesem Fall ja auch gewünscht war.

PROBLEMZONE KÜCHENZEILE II

Eine einfache Küchenzeile in einer Junggesellen-WG – und ein typisches Beispiel für sterile Fantasielosigkeit.

Fantasielose Ödnis ...

Wände und Fliesen sind in Weiß und Grau gehalten. Vom hinteren Mauervorsprung an zieht sich an der Wand ein Band heillosen Chaos mit einer abenteuerlichen Selfmade-Konstruktion entlang. Das Durcheinander ist allein die Folge von nicht vorhandenem Stauraum. Offene oder geschlossene Hängeschränke oder Regalsysteme über dem Arbeitsbereich? Fehlanzeige. Auch der Stauraum unter der Heimwerkerkonstruktion, die als Arbeitsplatte dient und in die die Spüle eingebaut wurde, bietet ein trostloses Bild der Unordnung. Nach unten hin ist sie nämlich offen, damit man auch sieht, welches Bier die Herren trinken und womit sie den Boden wischen – wenn sie ihn wischen.

Einen Kühlschrank sucht man hier ebenfalls vergebens: Weitab von der Küchenzeile, wo er eigentlich stehen sollte, wurde er einsam an der gegenüberliegenden Wand platziert (auf diesem Bild nicht zu sehen). In der hinteren, toten Ecke des Mauervorsprungs steht neben einer an der Wand hängenden Gastherme, etwas unmotiviert und weit ab vom Herd und der Arbeitsplatte, wo die Lichtquelle eigentlich gebraucht würde, ein Deckenfluter. Eine solche Lampe würde aber auch am Arbeitsbereich kein ideales Licht abgeben, weil sie das Licht an die Decke streut und nicht gezielt auf die Arbeitsfläche richtet. Mit anderen Worten: Hier gibt es einiges zu tun.

SO GEHT'S AUCH!

DIE LÖSUNG

Was für ein Unterschied!

Die Selfmade-Konstruktion ist zwei Unterbauschränken mit einer wohnlich anmutenden Holzfront gewichen. Hinter den Türen und in den Schubladen lässt sich das auch in einer Junggesellen-WG gebräuchliche Küchenwerkzeug ordentlich aufbewahren. Die Arbeits- und Abstellfläche besteht nunmehr aus einer soliden, auf die benötigte Länge zugeschnittenen Arbeitsplatte. Den optischen und funktionalen Abschluss der Küchenzeile bildet jetzt der Kühlschrank.

Über der Arbeitsfläche bietet ein offenes, modernes Regal aus Edelstahl eine weitere Abstellmöglichkeit. An diese Regale kann man Klemmleuchten montieren, die den gesamten Kochbereich in ein helles Licht tauchen.

Die Wandnische unter der Gastherme wurde ebenfalls genutzt, um Unterbauschränke mit geräumigen Schubladen aufzustellen. Ihre Oberfläche kann als Arbeits- oder Abstellfläche miteinbezogen werden. Und an den kleinen Mauervorsprung, der die nun über Eck laufende Küchenzeile verbindet, wurde eine Tafel angebracht, die man als Nachrichtenbörse oder überdimensionierte Einkaufsliste nutzen kann. Eine gute Idee vor allem für Küchen in WGs. Die WG-Mitglieder können ihren Mitbewohnern hier hinterlassen, wo die Party am Abend denn nun stattfindet oder welche Neuigkeiten es gibt. Auch was im Kühlschrank fehlt, lässt sich hier vermerken – bis hin zu alarmierenden Notrufen: »Das Bier ist alle!!! Wer holt neues?«

Ein kleines Regal unterhalb der Tafel ist ein idealer Aufbewahrungsort für frische Küchenkräuter – immer

Tines Tipp!

Rohre, Gasthermen und Wasseranschlüsse verschwinden lassen

Hier ein Heizungsrohr, dort eine Wasseruhr oder eine Gastherme: In Küchen ist viel los. Aber auch solche Gegebenheiten sind keine Ausrede: Jeder Küche, egal, wie viele »störende« Details sie besitzt, kann mit guter Planung ein einheitliches Aussehen verliehen werden. In meiner Küche beansprucht die Gastherme mit ihren vielen Zu- und Ableitungen fast die ganze Wand links von der Spüle für sich – trotzdem ist hier durch das passgenaue Zusägen der Arbeitsplatte noch einmal Ablagefläche entstanden. Der hässliche Wasseranschluss mit Wasseruhr rechts hinter der Spüle versteckt sich hinter einer schlichten Klappe, die für den freundlichen Wasseruhrenableser von den Stadtwerken jederzeit leicht zu öffnen ist. Und wenn mal schnell was verschwinden soll – bitte sehr: Auch ein Mülleimer, Altglas oder Altpapier finden hier ihren (unsichtbaren) Platz.

in Reichweite und verführerisch duftend, stellen sie eine permanente Aufforderung zum Kochen dar.

Tropfenfänger

Ein ebenso einfaches wie intelligentes und Platz sparendes Detail: ein über der Spüle an der Wand angebrachtes Abtropfregal. So können die gespülten Teller und Töpfe direkt ins Spülbecken abtropfen und verursachen auf der Arbeitsplatte keine Wasserlachen mehr. Zudem nehmen sie keinen Raum auf der Arbeitsplatte weg, den man so für andere Küchenutensilien nutzen kann.

RICHTIG TAFELN

PROBLEMZONE ESSTISCH I

Nicht gerade das Paradebeispiel einer weiträumigen Wohnküche mit erhöhter Lebensqualität. Hier trifft wohl eher das Gegenteil zu: Miniküche mit Monstertisch! Und ein beeindruckendes Beispiel für die insbesondere in kleinen Küchen allzu oft anzutreffende Unverhältnismäßigkeit der Mittel.

Multifunktional denken!

In einer kleinen Single-Student(inn)enküche wie dieser benötigt man zweifelsohne allerhand, als Letztes aber sicherlich einen Familien-Esstisch, an dem locker vier Erwachsene – wenn nicht mehr – Platz finden. Ein solches Möbelungeheuer schränkt nicht nur die Bewegungsfreiheit an der gegenüberliegenden Küchenzeile unnötigerweise erheblich ein, der schmale Küchenschlauch wirkt wegen der großen Tischfläche auch optisch komplett zugestellt. Selbst die zusätzlich gewonnene Arbeitsfläche, die die große Tischplatte ja zweifelsohne bietet, wiegt die raumzerstörende Wirkung nicht auf – ganz abgesehen davon, dass der Tisch als weitere Arbeitsfläche zudem strategisch nicht gerade günstig gelegen ist. Auch wenn man hier gerne hin und wieder mit Familie, Freunden, Kommilitonen und Kommilitoninnen oder mit wem auch immer zum gemeinsamen Snack gemütlich in seiner Küche hocken möchte, in einer solch kleinen Küche gilt das Prinzip: Platz sparen und multifunktional denken – Gemütlichkeit hin, Gemütlichkeit her! Denn schließlich ist und bleibt die Küche in erster Linie ein Arbeitsplatz.

SO GEHT'S AUCH!

DIE LÖSUNG

Ein Minitisch für eine Miniküche

Der entscheidende Vorteil springt geradezu ins Auge: Man hat Bewegungsfreiheit, und dennoch reicht die Tischfläche aus, um allein oder mit einer zweiten Person am Tisch zu essen oder ein Glas zu trinken. Und wenn ausnahmsweise einmal mehr Gäste erwartet werden, klappt man die Tischplatte einfach aus und verdoppelt damit die Tischfläche. Jetzt können – wie an dem alten Tischmonster – problemlos auch vier Personen in der Küche Platz nehmen. Für die Bestuhlung sollte man leichte Klappstühle wählen, die nicht allzu raumgreifend sind. Und damit all die Stühle, die man nur im Ausnahmefall benötigt, nicht ständig in der Küche herumstehen, bietet es sich an, sie in einer Nische an die Wand zu hängen.

Die Klappe richtig halten

Für kleine Küchen bieten sich grundsätzlich optisch eher leichte Möbel an, um den Raum möglichst offen und luftig und damit größer wirken zu lassen.

Der ausklappbare Esstisch wird installiert. In diesem Fall hat sich das *Einsatz in 4 Wänden*-Team für eine besonders Platz sparende Variante entschieden.

Die Tischplatte wird an einer Seite an der Wand verschraubt. Der große Vorteil: Die leichte Tisch-Konstruktion steht fest, auch wenn man mal dagegen stößt. Außerdem fallen zwei Tischbeine weg, die unter dem Tisch auf so engem Raum den eigenen Beinen in die Quere kommen würden.

Unter dem Tisch befindet sich das auf Rollen ausziehbare dritte Bein, auf dem die ausgeklappte Tischplatte im Bedarfsfall aufliegt.

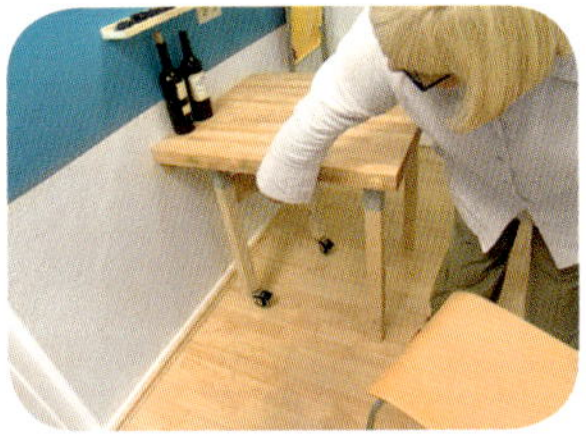

VERSTAUBTE ECKBANK

PROBLEMZONE ESSTISCH II

In diese an sich recht geräumige Küche hat sich ein Möbelstück aus lange vergangenen Zeiten hinüberretten können: eine Eckbank.

Ein Ess- und Wohnbereich wie anno dazumal

In aller Regel handelt es sich bei der guten alten Eckbank um ein rustikales Erbstück. Sie werden tatsächlich aber auch heute noch hergestellt. Dabei sind sie so ziemlich die unfunktionellste und unflexibelste Sitzgelegenheit, die man sich in einer Küche vorstellen kann. Denn nur wer außen sitzt, kann problemlos den Essbereich verlassen (um z.B. eine neue Flasche Bier aus dem Kühlschrank zu holen). Alle anderen Personen sind entweder zu einem Akrobatikakt gezwungen oder müssen die Sitznachbarn bitten, für sie aufzustehen. Und das ganze Theater wiederholt sich dann natürlich noch einmal bei der Rückkehr der betreffenden Person. Nicht sonderlich gemütlich. Zudem sind Eckbänke sehr Platz greifend und sperrig, machen den Raum also kleiner, als er eigentlich ist.

Oft bieten solche Eckgruppen und die dazugehörenden entsprechend großen Esstische auch weitaus mehr Sitzplätze, als man im Alltag wirklich braucht. Nur wenn Besuch kommt, kann man vielleicht alle Sitzgelegenheiten wirklich ausnutzen. Für diesen Fall gibt es allerdings eine weitaus galantere Alternative.

SO GEHT'S AUCH!

DIE LÖSUNG

Eine clevere Alternative

Ein kleinerer Tisch, an dem im Alltag vier Personen problemlos Platz haben. Die vier gleichen Kunststoffstühle in modernem Design vermitteln ein einheitliches Bild und passen trotz des künstlichen Materials hervorragend zu dem Holztisch. Zudem spart man im Ess- und Sitzbereich gut 30 Prozent Platz. Die Küche wirkt mit einem Mal viel größer und großzügiger.

Der eigentliche Clou: Der Tisch ist für weitere drei Plätze problemlos ausziehbar. So gerät man auch bei spontanem Besuch nicht in Not. Zwei Handgriffe, und man kann die alltags an der schmalen Wand im Hintergrund aufgehängten Klappstühle an eine nunmehr geräumige Festtafel stellen.

Die gelbe Tapete in einem Retro-Streifenmuster der Siebziger gibt dem Essbereich den optischen Rahmen

Tines Tipp!

Bauen aus »Müll«

Die Elbe hat mir einstmals diesen Teil eines alten Baugerüsts vor die Füße gespült. »Da machen wir was draus«, entschieden mein damaliger Freund und ich – und schleppten die nasse, schwere Holzplatte ächzend nach Hause. Nachdem sie halbwegs getrocknet war, gaben wir ihrer Oberfläche durch das *»Anflämmen«* mit einem Bunsenbrenner einen dunkleren Ton, den wir danach mit Hilfe dunkelbrauner Schuhcreme zusätzlich betonten. Danach hieß es noch einmal warten, bis die Schuhcreme so weit eingezogen war, dass sie auch einem weißen Hemd nicht mehr gefährlich werden konnte. In der Zwischenzeit bauten wir aus Holzpflöcken die Beine. Heute ist das ehemalige Baugerüst einer meiner Lieblingsplätze – für den Kaffee zwischendurch, die Lagebesprechung mit Mitarbeitern oder lange Dinnerabende für bis zu zehn Personen.

und verleiht ihm eine jugendlich frische Atmosphäre. Das Licht der über der Tischplatte hängenden beiden Lampen lässt die Holztöne der Tischplatte und die Farben der Tapete leuchten und vermittelt so – im Gegensatz zu der eher langweilig anmutenden alten Sitzgruppe – ein Gefühl von fröhlicher Wohnlichkeit.

Fehlen nur noch gut gelaunte Gäste – und die Party kann beginnen.

Kleine Ideen – große Wirkung

Es sind immer auch die Details, auf die es ankommt. Bei Accessoires und dekorativen Elementen sollte man wie in diesem Fall auch ein wenig auf die farbliche Gesamtabstimmung achten. Zwei Kerzenständer und eine mit buntem Obst gefüllte Schale auf einem farblich zur Tapete passenden Platzdeckchen unterstreichen hier den wohnlichen Charakter des neuen Essbereichs.

Die Bierflaschen im Hintergrund und die gelben Servietten deuten bereits an, dass Gäste für einen feucht-fröhlichen Abend mit Fingerfood erwartet werden. Na, denn Prost!

Ein trostloser Fall!

Mangelnder Platz in einem kleinen und zusätzlich noch schlecht geschnittenem Raum ist lange noch kein Grund, die wichtigsten Elemente für eine funktionierende Küche – Küchenschränke mit Arbeitsfläche, Herd und Essbereich – derart unfunktional anzuordnen und in einem kühlen und sterilen Krankenhauslook zu gestalten. Einer der größten Fehler: Alle Funktionsbereiche sind an getrennten Wänden untergebracht. An einer Wand befinden sich Küchenschränke, deren Oberfläche als Arbeitsfläche aber kaum verwertbar ist, weil sie mit Küchenutensilien zugestellt ist. Der Herd steht einsam an einer anderen Wand. Alles, was man – wo auch immer – vorbereitet hat, muss man zur Weiterverarbeitung quer durch die Küche zum Herd tragen. Eine Möglichkeit, die an einem Herd gebräuchlichen Arbeitsgeräte wie Rührlöffel, Pfannenheber etc. in Topfnähe abzulegen, gibt es auch nicht. Und der Esstisch, an dem vier (!) Stühle stehen, reicht von der Größe kaum für zwei Personen. Die Spüle (auf diesem Bild nicht zu sehen) befindet sich an einer dritten Wand. Ästhetisch und funktional eine hart zu knackende Nuss. Auf engstem Raum ist hier wirklich Fantasie gefragt.

KÜCHENÖKONOMIE

DIE ARBEITS- UND ESSBEREICHKOMBI

Zugegeben, es handelt sich hier um eine fast quadratisch geschnittene Miniküche für nur zwei Personen. Viel Platz hat man hier in der Tat nicht.

SO GEHT'S AUCH!

DIE LÖSUNG

Voilà, ein multifunktioneller Küchenblock

Und die Lösung des Problems. Hier sind alle wichtigen Funktionsbereiche in einer Einheit wieder zusammengefügt. An der speziell zugeschnittenen hellen Arbeitsplatte kann nun von zwei Seiten gearbeitet werden. In die Arbeitsfläche integriert sind der Herd ebenso wie die runde Spüle, für die in die Arbeitsplatte eine entsprechende Aussparung gesägt wurde. So befinden sich alle Arbeitsbereiche in praktischer Reichweite. Unter der Arbeitsfläche sind zudem genügend Schränke und Schubladen untergebracht, um Töpfe, Pfannen, Besteck und all die Kochutensilien unterzubringen, die man in einem Zweipersonenhaushalt zum Kochen benötigt.

Der Clou dieses Küchenkonzepts besteht allerdings in einem weiteren Zusatznutzen: An der Kopfseite des Küchenblocks befindet sich nämlich der mit einfachen Scharnieren an der Arbeitsfläche montierte und jederzeit hochklappbare Esstisch (siehe rechts). Auf pfiffigen Hockern, die kaum Platz beanspruchen, kann man mit Genuss verspeisen, was man zuvor an der Kochstation zubereitet hat. Natürlich kann man die hochgeklappte Fläche beim Kochen auch noch als zusätzliche Arbeitsfläche verwenden, wenn's mal etwas aufwändiger zugeht.

Doch damit nicht genug: Nach dem Essen lässt sich an der Kopfseite des Küchenblocks mit zwei Kissen, die auf dem zwischen Küchenblock und gegenüberliegender Wand eingebauten kleinen Podest platziert werden können, eine kleine »Lounge« zum Entspannen herstellen. Hier kann man – halb im Liegen, halb im Sitzen – z.B. nach dem Essen noch einen Digéstif zu sich nehmen und dabei mit dem gegenüberliegend auf einem weiteren Küchenschrank stehenden TV-Gerät

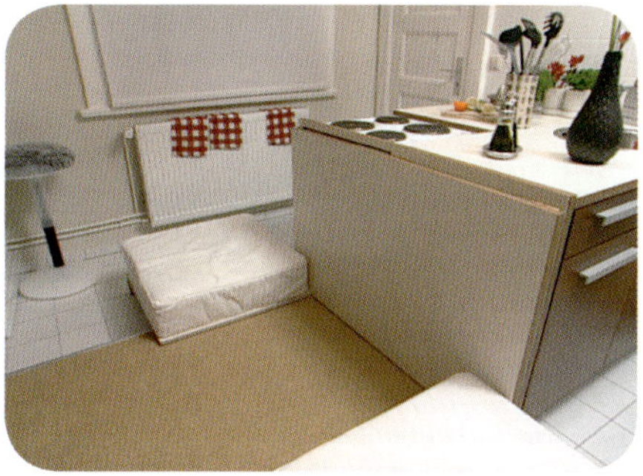

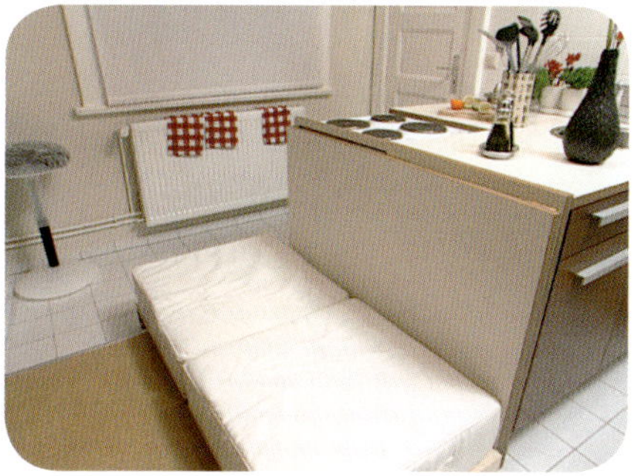

noch ein wenig fernsehen – z.B. *Einsatz in 4 Wänden*. Die Kissen lassen sich, wenn sie nicht gebraucht werden, mit einer einfachen Vorrichtung an der Wand verstauen.

Einfach praktisch

Ein Teamkollege zeigt, wie einfach die Hängevorrichtung für die Kissen an der Wand funktioniert: In die an der Wand befindliche einfache Schiene mit einem L-Profil lässt sich das hölzerne Untergestell der Kissen, dass an einem Ende ebenfalls ein L-Profil aufweist, problemlos einhängen.

DER ARBEITSBLOCK

Ob man nun aus reiner Freude kocht oder einfach nur, um nicht zu verhungern, ob Kochen nun also vor allem ein Freizeitvergnügen oder aber lästige Arbeit darstellt – funktional sollte eine Küche in jedem Fall sein. Und das heißt vor allem: kurze Wege für jeden Handgriff. Egal wie groß die Küche ist. Denn Kochen ist zuvorderst ein Handwerk, das umso mehr gelingt, je besser es organisiert ist.

Kochen ist auch eine Frage der Ökonomie

In dieser Küche zweier junger Frauen trifft man auf das trostlose Gegenteil einer gut organisierten Küche. Die beiden haben die Kücheneinrichtung von der Vormieterin – einer älteren Dame – übernommen. Offenkundig hatte diese kaum Gefallen an einer etwas raffinierteren Küche, denn an einem solchen Herd lässt sich weder etwas Spannendes in die Töpfe noch aus selbigen etwas Pfiffiges auf die Teller zaubern: Die Abstell- bzw. Arbeitsfläche ist kaum der Rede wert, und der Stauraum rechts neben Dunstabzugshaube und Herd nimmt mit nur einer Schublade und zwei kleinen Minischränkchen bestenfalls ein Utensilien-Grundsortiment auf.

Platz für größere Töpfe und Pfannen – Fehlanzeige. Besonders »ansprechend« ist auch der optische Eindruck: Das in Grün und Dunkelbraun gehaltene Design spricht die erdrückende Sprache einer Ästhetik aus grauer Vorzeit. Aus der dürften auch die restlos durchgesessenen Sitzmöbel rechts neben dem Herd stammen, an deren Notwendigkeit in einer Küche man ebenfalls Zweifel anmelden darf. Besonders funktional angeordnet und ausgesucht »malerisch« sind auch die Abfalleimer links neben dem Herd. Mit anderen Worten: Dieser *Einsatz in 4 Wänden* scheint durch und durch lohnenswert.

Und wenn es noch eines letzten Grundes bedarf, in der Küche der beiden gestalterisch Hand anzulegen, dann ist es wohl der Schrank an der Wand links vom Herd (siehe unten) – der übrigens aus der gleichen altertümlichen »Design-Schmiede« stammt wie der Herd. Mal abgesehen vom Aussehen, das übrigens auch durch die wild auf die Schranktüren aufgeklebten Fotos nicht wirklich gewinnt: Der hier untergebrachte Kühlschrank ebenso wie der zum Teil sinnlos weit oben angesiedelte Stauraum befinden sich meilenweit vom Herd, dem eigentlichen Ort des Kochgeschehens, entfernt.

Hier gilt also das Motto:

Zusammenführen was zusammengehört!

SO GEHT'S AUCH!

DIE LÖSUNG

Die Wiedervereinigung der Funktionen

Die ideale Lösung ist in diesem Fall ein von drei Seiten begehbarer Küchenblock inklusive Herd. Auch der Kühlschrank ist in den Block integriert, damit man nicht jedes Mal durch die halbe Küche laufen muss, um ihm die Lebensmittel zu entnehmen. Größe und Grundriss des fast quadratischen Raumes lassen diese besonders funktionale Küchenanordnung zu. Der Küchenblock verengt in diesem Raum nämlich weder den Durchgang zum Esstisch (hier nicht zu sehen) oder anderen Raumteilen noch wirkt er optisch zu massiv oder zu bestimmend.

Der größte Vorteil dieser Anordnung für die handwerklichen Abläufe in einer Küche ist jedoch praktischer Natur: Der Arbeitsbereich ist nicht wie in einer Küchenzeile in die Länge gestreckt, sondern wird auf eine von nahezu allen Seiten erreichbare Fläche komprimiert. Das Prinzip der kurzen Wege wird so nahezu perfekt umgesetzt.

An einem solchen Küchenblock können zudem an allen drei Seiten mehrere Personen gleichzeitig schnippeln und schneiden und kneten und rühren. Es handelt sich also um eine ausgezeichnete Küchenanordnung für ein gemeinsames Kochen, ob nun zu zweit oder mit mehreren Freunden. Man wird sich hier kaum gegenseitig auf die Füße treten.

Das düstere Braun und Grün der alten Herdstelle und des alten Schranks sind einer Kombination aus vorherrschenden Weißtönen in Kombination mit orangefarbenen Streifen an der Wand gewichen. Der Gesamteindruck ist freundlich, hell, jugendlich und frisch. Und fordert geradezu dazu auf, ebenso frische Zutaten zu kleinen oder auch größeren Köstlichkeiten zuzubereiten.

Schubladen und Schränke bieten griffbereit in unmittelbarer Nähe zur Arbeits- und Abstellfläche gemeinsam mit dem kleinen Hängeschrank, der über der Arbeitsfläche an der Wand angebracht wurde, ausreichend Stauraum. Das dunkelbraune Monster von Schrankwand konnte so getrost entsorgt werden.

Griffbereit und direkt vor den Herdplatten wird ein unterteilter Aufbewahrungskasten platziert, der multifunktional einsetzbar ist. Zum einen lassen sich hier alle Gerätschaften unterbringen, die man täglich beim Kochen braucht, wie Pfannenheber, Rührlöffel, Schneebesen und Küchenpapier etc. Zum anderen kann man hier aber auch kleine Kräutertöpfchen unterbringen. So reicht ein Griff, um das Abendmenü mit frischen Aromen zu verfeinern. Das ist nicht nur praktisch, das sieht auch sehr dekorativ aus.

An der Unterseite des Hängeschrankes ist eine Lampe angebracht, die den gesamten Arbeitsbereich hell genug ausleuchtet.

Zettelkram

Ob jung, ob alt, ob Männlein oder Weiblein, ob Single oder Pärchen, man findet sie in fast jeder Küche: diese Schranktüren, auf denen die Fotos von den Lieben, die ersten selbst gemalten Bilder der Kinder, Zeitungsartikel oder Rezepte mit Tesafilm aufgeklebt wurden. Bei allem Verständnis für derlei praktischen Dekorationswillen: Es sieht auf (Küchen-) Möbeln einfach furchtbar aus. Dabei ist die Lösung so einfach wie genial: In fast jedem Einrichtungsgeschäft findet man mittlerweile Magnetwände in den unterschiedlichsten Größen, an denen man mit kleinen Magneten alles befestigen kann, was man für wichtig erachtet. Und auswechseln lassen sich die Zettel und Bilder auch problemlos: kein mühseliges Abknibbeln von altem Tesafilm mehr, keine Löcher mehr von Heftzwecken. Eine segensreiche Erfindung, so eine Magnetwand!

REGALFANTASIEN

PROBLEMZONE STAURAUM I

Die Küche einer reinen Mädchen-WG – in der ersten (!) eigenen Wohnung der drei jungen Bewohnerinnen. Klar, dass hier Hilfe notwendig ist. Und zwar in der Küche, einem schmucklosen Raum, in dem das heillose Chaos Regiment führt.

Das Chaos regiert

Gut, die räumlichen Voraussetzungen sind wirklich nicht die besten. Ein relativ kleiner und zudem lang gezogener, schmaler Küchenschlauch, der mangels Breite nur an einer der beiden Längsseiten sowie an einer Stirnwand (die andere kann bei geöffneter Tür ebenfalls nicht genutzt werden) für Herd, Spüle, Arbeitsfläche und Stauraum zu nutzen ist.

Das Problem besteht in diesem Fall aber weniger im räumlichen Zuschnitt der Küche, sondern darin, dass es hier ganz offenkundig zu wenig und zu schlecht genutzten Stauraum gibt. Der Raum unter der Spüle vermag wegen der Abflussrohre bestenfalls Reinigungsmittel und den Abfalleimer zu beherbergen. Für Ess- und Kochgeschirr, für Gewürze, Essig und Öl etc. steht lediglich ein einzelner Hängeschrank mit zwei Türen über der Spüle zur Verfügung. Dieser schlichte, geschlossene Kubus macht zudem den Raum optisch noch enger, als er ohnehin schon ist.

Mangels Schubladen muss an der Stirnwand zwischen dem in der Ecke stehenden Kühlschrank und der Küchenzeile ein einsamer Besteckkasten auf einem Hocker Messer, Gabeln und Löffel beherbergen. Unter dem Hocker eine illustre Ansammlung von – sehr dekorativ! – Plastikbeuteln.

Weil man nichts wirklich wegstellen kann, stapeln sich auf jeder freien Fläche Töpfe, Teller und Küchenutensilien jedweder Art. Das Zubereiten von Speisen ist so kaum noch möglich, weil die Arbeitsfläche nahezu komplett als Abstellfläche genutzt wird.

In der Not werden sogar der Küchenboden und offene Kartons als Stauraum für Flaschen, Becher und Gläser genutzt. Eine eigenwillige, aber nicht sonderlich gelungene Problemlösungsstrategie.

Der tatsächliche Stauraum ist auf einem kleinem, alten, unzureichenden Unterbauschrank neben der Spüle sowie einen trostlosen und in die Jahre gekommenen Hängeschrank begrenzt. Selbst der Platz auf dem Hängeschrank wird als Abstellfläche für Aufbewahrungsgläser, Ölflaschen und Käsereibe genutzt. Von einer funktionellen, geschweige denn wohnlich anmutenden Küche ist man hier noch meilenweit entfernt. Hier ist wirklich Fantasie gefragt.

SO GEHT'S AUCH!

DIE LÖSUNG

Denn Ordnung ist halt doch das halbe Leben

In diesem Sinne wurde hier hier ganze Arbeit geleistet. Vorbei die Zeiten von Besteckkästen in trostlosen Schmuddelecken. Ein Schubladenelement und neue Unterbauschränke bieten nun zusammen mit einem offenen Regalsystem aus mattiertem Edelstahl über der Spüle genügend Stauraum für all die Küchenutensilien, die vorher überall in der Küche herumlagen.

Und der krönende Clou: ein beleuchtetes, so genanntes »Regalfenster« an der Stirnwand der Küche (siehe rechts). Eine nicht nur praktische Lösung, weil man in die eingezogenen Glasregale zur Aufbewahrung von Kaffee, Tee, Gewürzen oder Essig und Öl Gläser und Flaschen stellen kann. Ein solches Regalfenster sieht über seinen praktischen Nutzen hinaus vor allem aber ausgesprochen dekorativ aus und zaubert selbst in die einfachste Küche noch einen Hauch cooler Lounge-Atmosphäre.

In einer so kleinen Küche sollte man jeden Raum sinnvoll nutzen. In die Schmuddelecke mit dem Hocker wurde ein Schubladenelement integriert, wodurch zwei Probleme auf einmal gelöst wurden. Zum einen kann man hier Küchenutensilien geordnet verschwinden lassen. Zum anderen kann man nun aber auch problemlos die Arbeitsfläche von der Längsseite über Eck an der Stirnwand der Küche bis über den Kühlschrank fortsetzen. Und so erzielt man schließlich auch noch ein ästhetisch geschlosseneres Aussehen.

Das offene Regalsystem anstatt des geschlossenen Hängeschranks wirkt optisch luftiger und nicht so massiv wie der schlichte Kubus des Hängeschrankes. Design und Material sind funktional und cool – und wirken damit frisch und jung. Zudem ist ein offenes Regal über der Spüle praktisch, denn so hat man jederzeit direkten und ungehinderten Zugang zu einer geeigneten Abstellfläche für gerade gespülte und abgetrocknete Töpfe und Co.!

Das Regalfenster

Ein beleuchtetes Regalfenster ist für eine solche eigentlich recht düstere und enge Küchenecke vor allem eins: Eine echt klasse Idee. Allerdings sollte man für den Bau dieser Konstruktion handwerklich schon ein wenig Geschick mitbringen. Für einen geübten Heimwerker oder gar Schreiner stellt es aber kein größeres Problem dar. Auf ein einfaches Kantholzgestell, das an der Wand angebracht wird, werden – in diesem Fall hellgrün gestrichene – MDF-Platten gesetzt, aus denen man wiederum die Fläche für das Regalfenster heraussägt. Einfache Leuchten hinter den MDF-Platten lassen das Regalfenster dann hell erleuchten. Eine ausgesprochen dekorative Idee, zumal auch die angestrahlten Gläser und Flaschen im Regal je nach Inhalt weitere leuchtend farbige Akzente setzen. Durch das Vortreten des Regalfensters wird auch der schlauchartige Charakter des Raumes ein wenig aufgehoben.

Die hellgrüne Farbe wirkt jung und frisch und hellt mit der indirekten Beleuchtung die ehemals dunkle Ecke freundlich auf.

Tines Tipp!

Das Katzenklo im Schrank

Ich habe einen Mitbewohner. Er ist sehr wuschelig, ein bisschen seltsam und heißt schlicht »der Katze«. An sich ist der Katze ein pflegeleichter Zeitgenosse – nur sein Klo stand bisher immer, aber auch wirklich IMMER, im Wege herum. Bis ein simpler Küchenschrank unser beider Rettung wurde. Denn wenn Katze mit einer Katzenklappe umzugehen vermag, dachte ich, warum dann nicht das Katzenklo mit Hilfe einer solchen Klappe in den Schrank bauen? Das war nicht schwer: Loch in die Seitenwand des Schrankes, Klappe rein, fertig. Jetzt geht Katze unter Ausschluss der Öffentlichkeit aufs Klo und findet das super. Ich auch. Im Rest des Schrankes befindet sich übrigens – von der Katzennische durch einen Regalboden abgetrennt – das Putzlager: Reinigungsmittel, Lappen, Bürsten und Eimer. Besen und Wischmop hängen im Innenraum an den Seitenwänden – wieder Platz gespart!

Ein Gag für die Wand

Im Fachhandel kann man Schablonen zuschneiden lassen, mit deren Hilfe sich Wände – wie die zweite Längswand dieser schmalen Küche – überaus abwechslungsreich gestalten lassen. In diesem Fall erschien allerdings weniger ein dekoratives Muster passend. Ein viel größerer Effekt ist das vertikale Aufbringen der Namen der drei jungen Bewohnerinnen mit roter Farbe. So wird die aus Platzmangel nicht weiter verwertbare Längswand funktional doch noch in das Gesamtbild integriert.

Unter den jeweiligen Namen hängt an einem einfachen, kunststoffummantelten Haken der jeweilige Kaffeebecher. Selbst für einen (männlichen?) Gast ist noch Platz – zumindest für seinen Kaffeebecher.

HÄNGEPARTIE

PROBLEMZONE STAURAUM II

In wie vielen Küchen ist das *Einsatz in 4 Wänden*-Team nicht schon auf diese kleinen weißen geschlossenen Hängeschränke gestoßen!

Der »gute« alte Hängeschrank

Hängeschränke dieser Machart sind nicht nur... nun ja, sagen wir schlicht, sie sind auch noch unpraktisch. Bei geöffneter Tür – um beispielsweise gespültes Geschirr einzuräumen – ist die aufgeklappte Tür immer im Weg. Entweder man läuft Gefahr, mit dem Kopf dagegen zu stoßen, oder man zerschlägt an ihren Kanten Gläser und Teller, vor allem, wenn man sie von der Seite aus einräumen will. Zudem versperrt sie die seitliche Sicht in den Schrank. Kein Wunder, dass diese Schränke bei keinem Einsatz hängen blieben. So auch hier nicht.

Die Küche, in der dieser Schrank hängt, ist recht schmal und bietet wenig Platz. Viele Möglichkeiten, Stauraum zu schaffen, gibt es folglich nicht. Umso unökonomischer ist es, die freie Wand links des Hängeschrankes nicht zu nutzen. Hier gilt es also, wegen der Enge des Raumes eine optisch möglichst luftige Lösung zu finden, die zudem das Ein- und Ausräumen des Stauraums technisch problemlos ermöglicht.

SO GEHT'S AUCH!

DIE LÖSUNG

Eine ansprechende, moderne Hängeschrankkombi ...

... bestehend aus einem offenen Element, das von zwei geschlossenen Elementen flankiert wird. Die geschlossenen Schränkchen wirken wegen der Transparenz des Materials in den Türblättern, das aus mattiertem Kunststoff besteht, leicht und zurückhaltend, drängen sich optisch nicht in den Vordergrund. Die Leichtigkeit der Kombination wird durch die offenen Regale zwischen den geschlossenen Elementen noch unterstrichen.

Die Türen der Schränke werden nicht wie bei der schlichten Variante zuvor seitlich, sondern nach oben geöffnet und mittels einer Arretierung offen gehalten. So stehen die Türen beim Ein- und Ausräumen weder praktisch noch optisch im Weg.

Insgesamt erstreckt sich die Hängeschrankkombi über fast die doppelte Länge des ursprünglichen Hängeschranks und bietet dementsprechend mehr Stauraum. Das Licht unter der Hängeschrankkombi beleuchtet die Arbeitsplatte. Und wegen des Blautons an der Küchenrückwand, der dem Arbeitsbereich ein wenig Tiefe verleiht, wirkt das Licht auch nicht kalt, sondern freundlich und angenehm wohnlich.

2

OASE ZUM WOHLFÜHLEN UND TRÄUMEN

DAS SCHLAFZIMMER

Die meiste Zeit in diesem Zimmer verbringt man in einem relativ bewusstlosen Zustand. Überflüssiger Aufwand, möchte man also vielleicht meinen, in die Einrichtung eines Schlafzimmers besonders viel Mühe zu stecken. Doch für viele Menschen ist ein Schlafzimmer nicht einfach nur der Raum, in dem man schläft. Hierhin zieht man sich zurück, wenn man seine Ruhe haben will. Hierhin zieht man sich zurück, wenn man ein Buch oder eine Zeitschrift lesen will, ohne gestört zu werden – bei einem Glas Rotwein oder einer Tasse Tee. Hierhin zieht man sich zurück, wenn man einfach mal nur so da liegen, sich entspannen, ein Nickerchen halten oder Yoga betreiben möchte – und vieles mehr. Und dieser Raum soll langweilig eingerichtet sein? Oder gar unordentlich? Ein Möbellager ohne Atmosphäre? Aber nun wirklich nicht!

Schlafzimmer einzurichten gehört zu den spannendsten Aufgaben. Hier kann man mit konsequent aufeinander abgestimmten Farben und Möbeln die unterschiedlichsten Stilrichtungen verwirklichen – je nach individueller Vorliebe. Und natürlich darf ein Schlafzimmer nicht unordentlich aussehen. Stauraum ist hier also ein großes Thema. Und nicht zu vergessen: Licht! Man braucht es zum Lesen und um eine entspannte Atmosphäre zu erzeugen. Und beim richtigen Licht fallen einem im Bett auch noch ganz andere Sachen ein.

DAS BETT ALS RUHEINSEL

Eine gemütliche Wohlfühloase sieht anders aus. Das aber ist es, was die allein erziehende Mutter in ihrem Schlafzimmer gerne hätte: einen wohnlichen Rückzugsraum, in den man sich nicht nur zum Schlafen zurückziehen kann, sondern auch, um zu lesen oder fernzusehen. Bei der Umsetzung mangelte es allerdings ein wenig an Fantasie.

Der weite Weg zur Oase

Statt eines gemütlich eingerichteten Zimmers findet das *Einsatz in 4 Wänden*-Team einen etwas unterkühlt eingerichteten Zweckraum vor – und das ist noch wohlwollend formuliert. Hier kann man in der Tat nur seine Klamotten in den Schrank hängen, schlafen und anschließend fluchtartig den Raum verlassen.

Der Fernseher steht viel zu niedrig in der Ecke auf einem Korb, der damit nur noch bedingt als Stauraum verwendbar ist. Die Wände sind kahl und versprühen den dezenten Charme einer Lagerhalle. Um einer von der Bewohnerin unerwünschten Schlafzimmeratmosphäre entgegenzuwirken und mangels ausreichendem Stauraum hat sie auf dem zwei mal zwei Meter großen Bett Bettdecke und Kissen zu einem etwas verloren wirkenden Deko-Häufchen aufgebaut. Rechts neben dem Bett steht noch ein weiterer, kleiner Korb, auf dem der Wecker und ein paar Bücher Platz finden.

Alles in allem keine wirklich überzeugende Konzeption für eine Oase der Entspannung.

SO GEHT'S AUCH!

DIE LÖSUNG

Eine Oase zum Abschalten und Entspannen ist das neue Schlafzimmer jetzt. Und dazu bedurfte es keiner Zauberei, sondern lediglich einiger weniger Tricks. Die wichtigste Überlegung: Das Bett sollte nicht mehr allein seine Funktion als Schlafstätte erfüllen, man sollte auf dem Bett auch gemütlich sitzen können, um zu lesen oder fernzusehen. Da liegt es nahe, in diesem Sinne eine zusammenhängende räumliche Einheit herzustellen, in der alle diese Funktionen erfüllt werden können.

Die Lösung des Problems besteht in einem Podest, das am Ende des Bettes auf gleicher Ebene wie das Bettgestell aufgebaut wurde. Das Bett wird so zum Bestandteil einer regelrechten Freizeitinsel. Die beiden über Eck und übereinander verlaufenden Regale an der Wand geben am Kopfende und an der Seitenwand des Bettes optisch das Gefühl einer Begrenzung nach oben, was den Eindruck von Behaglichkeit unterstreicht. Auf den Regalen finden Bücher, Fotorahmen, Kerzenleuchter und andere persönliche Dinge ihren Platz und betonen den wohnlichen Charakter des Raumes.

Zur Seite wird die Freizeitinsel am Kopfende des Bettes von dem Kleiderschrank begrenzt, weshalb das

Bett, das ursprünglich an der gegenüberliegenden Wand stand, mit dem Kopfende an diese Wand verrückt wurde. Der Fernseher hat nun auf der Schubladeneinheit, die sich auf dem Podest am gegenüberliegenden Ende des Bettes befindet, seinen Platz. Für ein entspanntes Fernsehen steht er jetzt auf der richtigen Höhe.

In der Schubladeneinheit ist zudem ausreichend Platz vorhanden, um hier z.B. tagsüber die Bettwäsche zu verstauen. Statt der Bettwäsche kann man dann eine Tagesdecke und Kissen auf die Matratze legen, was eher einen wohnlichen Eindruck erweckt als den eines reinen Schlafzimmers.

Um auf dem Bett nicht nur liegen, sondern auch sitzen zu können, wurden die Wände als Rückenlehne in die Konzeption mit einbezogen. Die Kissen sind mit Ösen ausgestattet, mit denen man sie an den einfachen Haken in der Wand aufhängen kann. Neben ihrem praktischen Nutzen rahmen sie die Kuschelecke auf dem Bett auch optisch ein – und sie verhindern hässliche Spuren an der Wand, die sich zwangsläufig einstellen, wenn man sich ungeschützt an der Wand anlehnt.

Zur Unterstreichung der Wohnlichkeit wurden an der Wand gegenüber des Kopfteils zwei indirekte Lichteinheiten angebracht, die den Raum zwar ausleuchten, aber weder ein ungemütliches noch ein zu aufdringliches Licht verbreiten.

Die vorherrschenden hellen Blautöne wirken nicht nur freundlich, sie sind auch aus einem anderen Grund bestens geeignet für einen Raum, in dem man seine Ruhe finden möchte: Von blau geht nämlich eine beruhigende und entspannende Wirkung aus. Blau scheint darüber hinaus optisch vor dem Betrachter zurückzuweichen, weshalb sich seine Verwendung besonders in kleinen Räumen wie hier anbietet.

STAURAUM IM SCHLAFRAUM I

Das Schlafzimmer unter dem Dach: Wegen der Dachschrägen ist ein solcher Raum für viele Menschen ein absoluter Stauraum-Albtraum. Doch das muss nicht sein ...

Der Stauraum-Klassiker

Das Problem liegt auf der Hand bzw. in der Wand: Auf den ersten Blick scheint man nämlich allein bis zum Beginn der Dachschrägen herkömmliche, meist rechteckige Möbel zum Verstauen aufstellen zu können. In Zimmern, in denen die Dachschräge bis zum Boden verläuft, ist sogar selbst das unmöglich. Insofern hatte der Hausherr beim Umbau dieses Schlafgemachs bereits die durchaus segensreiche Idee, die Dachschrägen durch das Einziehen von vertikalen (leider noch nicht gestrichenen) Rigipswänden zu verkürzen. Die Fläche in dem Bereich, wo Dachschräge und Boden unmittelbar zusammentreffen, ist in der Regel nämlich sowieso nicht nutzbar.

Und dennoch: Weder die Menge der hier untergebrachten Möbel noch deren Volumen reichen aus, um all die Klamotten und die anderen Utensilien, die in diesem Raum untergebracht werden sollen, auch nur annähernd aufzunehmen. So stapeln sich auf der einen Seite des Eingangs auf einer Kommode Körbe mit Bügelwäsche. Auf der anderen Seite des Eingangs hängen Hemden, Röcke und Jacketts auf einem offenen Kleidergestell. Dahinter an die Wand gelehnt hat der Staubsauger seine Heimat gefunden. Auch auf dem Boden stapeln sich mangels anderer Abstellflächen und Stauräume die Dinge des alltäglichen Gebrauchs. Alles in allem: kein Platz für Bücher, Bügeleisen und Co. Auf der gegenüberliegenden Seite des Eingangsbereichs das gleiche Bild: In jeder Ecke dient jede Fläche als offene Ablage für Klamotten und andere Utensilien. Und ein offenes Kleidergestell mag ja sehr praktisch sein. Aber – mit Verlaub – es sieht einfach aus wie in einer schlecht geführten Wäschekammer. Mit anderen Worten: Das ganze Zimmer ist ein einziger Hilfeschrei nach Stauraum!

SO GEHT'S AUCH!

DIE LÖSUNG

Eine geniale Antwort: Ein in die Dachschräge eingepasster »Einbauschrank« für die Garderobe (siehe Seite 42). Es ist wohl die – auch handwerklich – einfachste, aber auch cleverste Art und Weise, den Raum unterhalb einer Dachschräge sinnvoll zu nutzen. Alles was man in diesem Fall benötigt, sind eine einfache schmale MDF-Platte, die als Seitenwand dient (die restlichen Wände des »Einbauschranks« bestehen aus den Zimmerwänden), ein einfaches und kostengünstiges Regalsystem für das Innenleben und Vorhänge zum Verschließen: fertig! So ist der Raum wie ein normaler Kleiderschrank bis zur Decke nutzbar – selbst der Staubsauger findet hier Unterschlupf. An einer einfachen Kleiderstange und in Regalen kann man problemlos all die Klamotten unterbringen, die zuvor gegenüber auf dem Kleiderständer mehr schlecht als recht untergebracht waren.

Sind die Vorhänge zugezogen, herrscht ein einheitlicher, ruhiger, geschlossener Eindruck vor. Die Farbe der Vorhänge korrespondiert mit der eingesetzten

Farbe an der gegenüberliegenden Wand – in diesem Fall freundliche Gelbtöne, die den eher dunklen Eingangsbereich auch stimmungsmäßig aufhellen.

Staukästen

Mit dem Bau des Einbauschrankes wurde der Kleiderständer an der gegenüberliegenden Wand überflüssig. Hier war nunmehr Platz, um ein rechteckiges Regalsystem aufzustellen, das in der Höhe bis zum Beginn der Dachschräge reichen konnte. Dieses symmetrische Kastensystem ist nicht nur ästhetisch einwandfrei und sieht ordentlich aus, es ist auch besonders praktisch: Es bietet die Möglichkeit, ohne jede Buchstütze eine kleine (Schlafzimmer-)Bibliothek unterzubringen, und man kann vor allem in ebenso rustikal wie wohnlich aussehenden kleinen Körben auch all jenen Krimskrams unterbringen, der, wenn er einfach so im Zimmer umherläge, eine fürchterliche Unordnung verbreiten würde. Außerdem ist die Oberfläche des Regals als Abstellfläche nutzbar: in diesem Fall für eine dekorative Lichtquelle und einen nicht minder schmückenden Kerzenständer.

Tines Tipp!

Luxus im Schlafzimmer

Luxus ist für mich ein fauler Tag im Bett. Krümel und Rumgeeiere mit einem Tablett auf den Knien gehören aber nicht dazu. Dieser Rolltisch ist deshalb mein absolutes Lieblingsmöbel: Er ermöglicht es mir, im Bett geradezu zu wohnen – mit seiner Hilfe kann ich hier arbeiten und schreiben und lesen. Oder ein ganzes Büfett auffahren. Oder Unmengen von Kaffee trinken. Oder, oder, oder! Und wenn er nicht benötigt wird, dann schiebe ich ihn mit Hilfe seiner Rollen und meiner Zehen einfach ans Fußende des Bettes. Abräumen unnötig – das kann immer noch später erledigt werden. Nach dem Nickerchen ...!

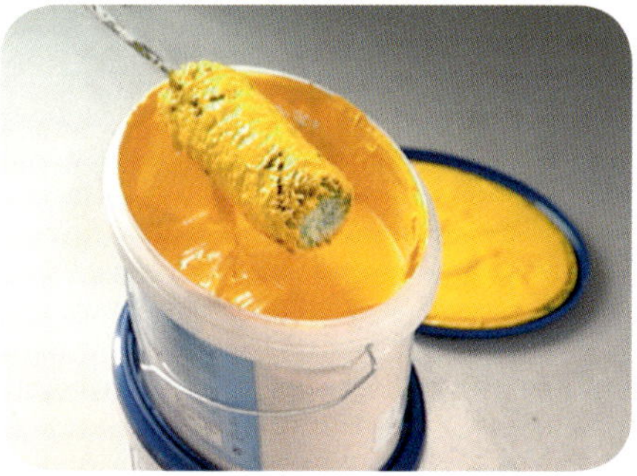

Schräge Nummer: Einbauschrank unterm Dach

Minimaler Materialeinsatz und ein Höchstmaß an Effektivität: Der Bau eines Einbauschranks in einem Raum mit Dachschrägen ist ein Kinderspiel und kostet kaum etwas. Die Seitenwand besteht aus kostengünstigem MDF und wird im entsprechenden Winkel der Dachschräge zugeschnitten. Für die restlichen Wände des Schranks nutzt man die Zimmerwände. Mit einer einfachen Wasserwaage wird die Seitenwand des Schranks senkrecht zum Boden ausgerichtet, bevor man sie an der Zimmerwand befestigt. Mit einfachen Winkeleisen wird die MDF-Platte an der Zimmerwand und an der Dachschräge verschraubt. Die Verschraubung sollte aus optischen Gründen natürlich an der Innenseite des Schrankes vorgenommen werden. Ein einfach zusammenbaubares und kostengünstiges Regalsystem aus Holz reicht vollkommen aus, um das Innenleben des Kleiderschranks übersichtlich zu ordnen. Die Führungsschiene für die Vorhänge wird mit einfachen Schrauben an der Decke befestigt. Die Qualität der Führungsschiene richtet sich nach dem Gewicht des ausgewählten Stoffes.

STAURAUM IM SCHLAFRAUM II

Im Laufe der Zeit sammelt sich immer mehr Kram an und irgendwann platzt der Schlafraum halt aus allen Nähten. Dieser Zustand stellt sich meist schleichend ein.

Man bezieht, wie in diesem Fall, als junge Frau eine neue Wohnung, man kauft ein Bett (oder lässt sich vom heimwerkelnden Papa eins bauen), man kauft einen Kleiderschrank, man kauft eine Kommode. Und man kauft Klamotten. Und Schuhe. Und irgendwann hat man dann mehr Klamotten und Schuhe als Stauraum. Das geht schneller, als man denkt. Von all dem Krimskrams, der sich mit der Zeit zusätzlich ansammelt und von dem man sich nicht mehr trennen möchte, einmal ganz zu schweigen.

Das Ergebnis sieht dann nicht selten so aus wie hier. In dem kleinen Kleiderschrank kann man irgendwann einfach nicht mehr alles unterbringen. Aus reiner Not stellt man einen offenen Kleiderständer auf. Auf dem Schrank sammeln sich Kleinteile in Kartons, hier und da wird noch ein Regal aufgestellt für Schuhe und anderes mehr. Und die Nische neben dem Schrank wird genutzt, um das Bügelbrett und eine Leiter abzustellen. Was auch nicht gerade besonders attraktiv aussieht. Die Wände sind kahl, eine Stehlampe steht – sehr praktisch – am Fußende des Bettes, und irgendwie passt alles auch stilistisch überhaupt nicht zusammen. Eine Design-Wüste!

Diesen Zustand sollte man ändern. Und zwar, indem man ausreichend Stauraum herstellt – einerseits. Andererseits bietet es sich sogar in nicht allzu großen Räumen wie diesem an, die als Stauraum benötigten Möbel nicht allein nach ihrer Funktionalität auszusuchen, sondern auch als Bestandteile einer stilistischen Gesamtkonzeption. Denn: Funktionalität und Stil sind kombinierbar.

SO GEHT'S AUCH!

DIE LÖSUNG

Eine durchgestylte Gesamtkonzeption – und eine ganz andere Welt. Das Bett steht nicht mehr allein und verloren in der Ecke. Es ist optisch und praktisch eingerahmt von einem Sideboard, das direkt neben dem Bett steht, sowie den Hängeschränken an der Wand über dem Bett. So wirkt die Schlafstätte in der Mitte des Raumes wie eine wohnliche Insel der Entspannung. Das Sideboard von gleicher Länge und Höhe wie das Bett dient nicht nur allein als Stauraum. Seine Oberfläche auf Betthöhe bietet sich vor allem an als Abstellfläche für Accessoires wie Kerzenständer, Schalen, Blumenvasen etc., die die wohnliche Atmosphäre unterstreichen, aber auch für die gerade bevorzugte Bettlektüre. Eine nicht zu kleine Leselampe sorgt nicht nur zum Lesen am Kopfende, sondern auch im gesamten restlichen Raum für ein gemütliches warmes Licht.

Die Hängeschränke mit ihrem optisch verspielt wirkenden Spiegelband über dem Bett mögen auf den ersten Blick aus funktionaler Sicht befremden. Denn

man muss ja auf der Matratze balancieren, um an die hier verstauten Dinge zu gelangen. Und zugegeben, das ist eher eine Lösung für jüngere Menschen, die sich einen solchen Balanceakt noch zutrauen. Für die aber ist es nicht nur praktisch und Platz sparend untergebrachter Stauraum auf kleiner Fläche, sondern zugleich auch attraktiver Wandschmuck. Zumal dann, wenn sich die Möblierung durchgängig an einem bestimmten Einrichtungsstil orientiert. In diesem Fall sollte mit den Möbeln und den eingesetzten Farben eine Atmosphäre erzeugt werden, die an das Art déco aus den 20er Jahren des letzten Jahrhunderts erinnert.

Ein geräumiger Schrank nimmt schließlich all die Klamotten auf, die zuvor auf dem offenen Kleiderständer hingen, in Regalen untergebracht waren oder einfach in den Ecken umherstanden – inklusive Bügelbrett.

Eine Frage des Stils – Art déco

Eine in sich geschlossene ästhetische Gesamtkonzeption setzt voraus, dass man die Raumgestaltung konsequent bis in die Kleinigkeiten durchgestaltet. In diesem Fall war das Art déco der 1920er Jahre Vorbild. Dementsprechend wurden nicht nur die Hängeschränke und das Sideboard mit ihren abgerundeten Ecken und Kanten ausgesucht. Auch die dekorativen Farbbänder auf der Wand unter den Hängeschränken wurden ganz in diesem Sinne aufgetragen, weil sie ebenfalls an die Farben und die Formensprache des Art déco erinnern.

Auch bei der Auswahl der Bettwäsche und der Kissenbezüge wurde darauf geachtet, dass sich in ihren Mustern die Farben und Streifen der Wandgestaltung wiederholen. So fungieren die Farben als eine optische Klammer für die ästhetisch und funktional zusammengehörende Einheit aus Bett und Mobiliar. Es sind manchmal besonders solche Details, mit denen man erst einen überzeugenden Gesamteindruck erzielen kann.

LICHT AM BETT

Wie man sich bettet, so schläft man. Und hier kann man wirklich nur schlafen – Hauptsache Augen zu. Abends noch gemütlich im Krimi oder im Liebesroman ein paar Seiten zu lesen oder gar anderen Leidenschaften nachzugehen – in diesem Bett unmöglich!

Es werde Licht!

Die Probleme dieser Schlafstätte sind wirklich nicht von Pappe: Die Bettwäsche, nun ja, ein Exemplar aus dem großen Katalog der ästhetischen Grausamkeiten; die frisch gesetzten Rigipswände sind noch nicht gestrichen; und wegen der Lage des Schlafzimmers unter dem Dach verengen nach oben hin zu allem Übel auch noch Dachschrägen den Raum. Das größte Problem jedoch: Licht!

Man sollte es nicht unterschätzen: Licht ist ein ganz entscheidender Faktor für alles, was man im Bett außer Schlafen noch veranstalten möchte. Es sollte hell genug sein, um zu lesen, umgekehrt aber in keinem Fall zu hell, damit es nicht ungemütlich wirkt. Was hier wie eine Baustellenlampe trostlos aus der Wand hängt, kann jedoch beim besten Willen keine angemessene Beleuchtung für eine gemütliche Lese- oder Schmuseecke ergeben. In diesem Fall ist also eine wirklich gewitzte Lösung gefragt.

Wie einfach und intelligent man Stauraum in einem solchen Problemzimmer mit Dachschrägen herstellt, wurde bereits erläutert (siehe Seite 42). Und auch für das Lichtproblem zeigt sich wie beim Stauraum, dass eine Dachschräge nicht wirklich ein Problem sein muss. Tatsächlich kann sie sogar von Vorteil sein. Für die im Folgenden vorgestellte, geniale Beleuchtungsidee, am Kopfende des Bettes eine indirekte Lichtquelle anzubringen, ist eine Dachschräge zwar nicht zwingende Voraussetzung (das kann man auch an geraden Wänden verwirklichen), kommt aber der Konzeption von reflektierendem Licht durchaus entgegen.

Versteckte Lichtquelle

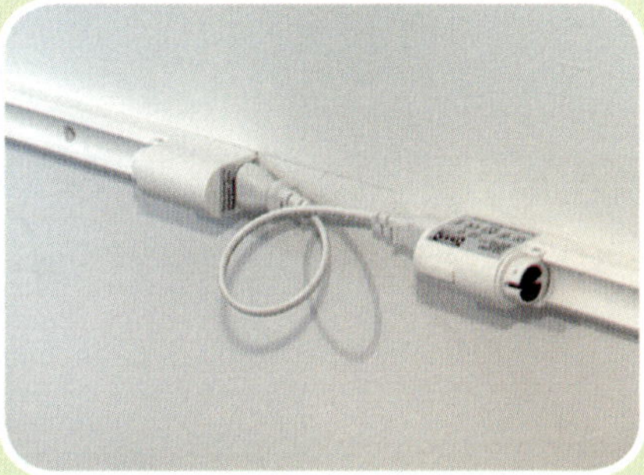

Statt einer offenen Lichtquelle, also einer Steh-, Decken- oder auch Klemmleuchte, bietet es sich manchmal an – wie in diesem Fall –, die Lichtquelle zu »verstecken«, um damit eine indirekte Streuung des Lichts zu erzielen. Die Installation ist leichter als gedacht.

Mit einer Wasserwaage wird als Erstes die Höhe an der Wand eingezeichnet, wo die drei flachen Leuchtstoffröhren, die sich in diesem Fall für eine indirekte Beleuchtung anbieten, befestigt werden sollen. Die drei Leuchtstoffröhren werden kurz unterhalb der Kante, an der Dachschräge und Wand aufeinander treffen, an die Rigipswand geschraubt. Hoch genug, um hinter der Verblendung noch genügend Licht zu spenden, und tief genug, um nicht direkt gesehen zu werden. Die drei Beleuchtungskörper werden in Reihe geschaltet, das heißt, sie werden durch Kabel miteinander verbunden und schalten sich beim Einschalten gemeinsam und gleichzeitig ein. In die drei Beleuchtungskörper werden nun die Leuchtstoffröhren eingesetzt. Keine Angst vor dem relativ kalten Licht dieser Lampenart: Durch die Brechung bzw. das Reflektieren an der Dachschräge gewinnt das Licht an Wärme! Die MDF-Verblendung wird vor die Wand gesetzt. Dahinter verschwinden die Lampen selbst sowie die Schalter und Mehrfachstecker, die als Stromquelle für zusätzliche Leselampen gebraucht werden.

Sowohl die Verblendung als auch die Wände werden nun weiß lackiert bzw. gestrichen. In die Verblendung sind bereits beidseitig Löcher gebohrt, die als Kabelführung für Steckdosen und Leselampen dienen werden.

SO GEHT'S AUCH!

DIE LÖSUNG

Hell, frisch, modern und doch gemütlich!

Wer sich hier bettet, der schläft nicht nur. Dieses Bett lädt dazu ein, vor dem Schlafen bei einem Glas Rotwein oder einer Tasse Tee mit dem Partner noch ein wenig zu plaudern, noch ein paar Seiten in seiner Lieblingslektüre zu lesen oder in Modezeitschriften zu blättern – und zu vielem anderen mehr. Das Licht jedenfalls umschmeichelt einladend jeden, der sich hier niederlässt. Durch die indirekte Streuung an der abgewinkelten Schrägen verteilt es sich von der Dachschrägen reflektierend vor allem über dem Kopfteil des Bettes und ergibt eine gemütliche und nicht zu aufdringliche warme Ausleuchtung. Die flexibel verstellbaren Leselampen an den angrenzenden Seitenteilen der Einbauschränke (siehe Seite 42) sowie die Klemmleuchte an der MDF-Platte, hinter der sich die Leuchtröhren der indirekten Beleuchtung verbergen, bieten zusätzlich ein speziell gebündeltes Leselicht.

Besonders wichtig ist das Zusammenspiel von Wandfarben und Lichtquellen: Die hellen Wandfarben streuen das Licht nämlich und schlucken es nicht, wie es dunkle Farben tun würden. Der hell ausgeleuchtete »Himmel« des Bettes steht zudem in einem wunderschönen und gleichermaßen notwendigen »kühlen« Kontrast zu der in sehr sinnlichen Rotfarben gehaltenen Bettwäsche. Alles in allem: Es gibt wieder einen Grund, früh ins Bett zu gehen!

EIN ARBEITS- IM SCHLAFZIMMER

Vor allem Altbauwohnungen entsprechen mit ihrem Zimmerzuschnitt oft nicht mehr den heutigen Wohnbedürfnissen. So kommt es, je nach Familienkonstellation, sehr häufig vor, dass vor allem in größeren Räumen mehreren Wohn- bzw. Lebensbedürfnissen nachgegangen werden muss.

Alte Wohnung – neue Bedürfnisse

Eine klassische Variante stellt die Schlafzimmer/ Arbeitsbereich-Kombi dar. Und wenn, wie in diesem Fall, der benötigte Arbeitsbereich nicht mehr in einer kleinen Nische unterzubringen ist, sondern einen fast raumartigen Platz beansprucht, kann man den Arbeitsbereich tatsächlich wie einen Raum im Raum abgrenzen. Vorausgesetzt natürlich, das Schlafgemach ist groß genug. In den seltensten Fällen ist jedoch eine klare Trennung durch nachträglich eingezogene (Rigips-) Wände möglich oder (aus lichttechnischen Gründen) vorteilhaft. Also müssen Schlaf- und Arbeitsbereich irgendwie anders voneinander abgegrenzt werden. Wie man beide Bereiche optisch/ästhetisch und praktisch voneinander trennt, bestimmt dabei ganz entscheidend über das Wohlgefühl im restlichen Schlafbereich.

Sehr beliebt ist die hier verwirklichte Version: Mit einer Kleiderschrankkombination als einfachem Raumteiler und Sichtschutz wurde eine Ecke des

Schlafzimmers als Arbeitsraum abgegrenzt. Der entscheidende Nachteil: Kaum ein Kleiderschrank entspricht in Höhe und Breite den benötigten exakten Ausmaßen. Die Folge: Die Raumteilung sieht reichlich improvisiert aus. Und die Tatsache, dass man den Raum zwischen Schrank und Decke auch noch als Ablage für alles und jedes nutzt, hebt die Stimmung auch nicht unbedingt, weder im Arbeits- noch im Schlafbereich. Zudem sind Kleiderschränke in der Regel massige Möbel, die das für den dahinter liegenden Raum gewünschte natürliche Licht komplett schlucken. Das Ende vom Lied: Man sitzt in einer dunklen Rumpelkammer.

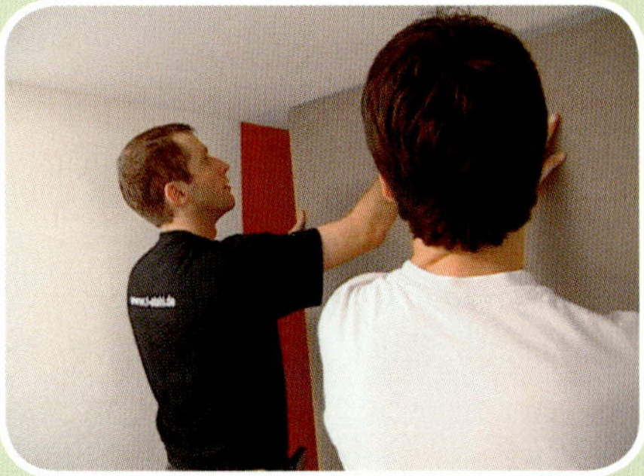

Transparente Trennwände

Statt sich mit unordentlich wirkenden Improvisationen zufrieden zu stellen, sollte man für die Trennung unterschiedlicher Wohnbereiche konsequenterweise Raumteiler und Sichtblenden speziell auf die Raumkonstellation zuschneiden. Und das ist leichter, als man denkt. Die speziell auf Maß zugeschnittenen Sichtblenden sind aus einfach zu verarbeitenden MDF-Platten hergestellt. Um sie aufzustellen und zu befestigen, benötigt man allerdings Hilfe. Zur Fixierung werden die MDF-Platten mit Winkeleisen an der Decke, am Boden und – wo es geht – auch an der Wand fest verschraubt. Natürlich sollte man sich zuvor mit einer Wasserwaage davon überzeugt haben, dass sie auch gerade stehen. Um mit den Sichtblenden den Raum insgesamt optisch nicht kleiner zu machen als nötig, wurden für das »Fenster« in der Trennwand zum Schlafbereich Bambusrollos ausgewählt. Sie entsprechen dem Wunsch nach Transparenz und passen farblich hervorragend zu den restlichen Möbeln.

SO GEHT'S AUCH!

DIE LÖSUNG

Aus eins mach zwei

Der vorher etwas unglücklich in zwei Bereiche aufgeteilte Raum ist nun klar in zwei separate Funktionseinheiten getrennt. Um den Raum trotz dieser Trennung optisch nicht kleiner zu machen, als er ist, sollte die Trennung leicht und transparent daherkommen. Um eben dieser Transparenz willen wurde in die neu installierten Sichtblenden aus MDF zum Schlafbereich ein »Fenster« ausgespart. Diese Aussparung gewährleistet einerseits den Eintritt von natürlichem Licht in den Arbeitsbereich hinter den lichtdurchlässigen Bambus-Rollos. Vom Schlafbereich aus vermittelt das Fenster andererseits wegen der recht luftig wirkenden Rollos mit ihren Naturfarben einen wohnlichen Eindruck, der nicht ausgrenzt. Auch im Arbeitsbereich wirkt das durch die Rollos eintretende Licht warm und wohnlich. Und auch hier hat man das Gefühl, vom Schlafbereich getrennt, aber nicht gänzlich ausgegrenzt zu sein. Es herrschen nunmehr geordnete Strukturen statt des vorherigen Chaos.

Die klare stilistische Aussage der gesamten Konzeption orientiert sich weitestgehend an der Vorliebe der Bewohner für warme Farben und ein eher mediterranes oder orientalisches Ambiente. So findet das natürliche Material der ein wenig exotisch wirkenden Bambusrollos eine stilistische Fortsetzung im Korbgeflecht des Bettgestells. Die beiden Kommoden vor den Bambusrollos wurden farblich entsprechend mit roter Holzlasur gestrichen. Das Rot der Kommoden wiederum korrespondiert hervorragend mit der Naturfarbe des Bambus und dem Curry-Gelb der Sichtblenden. Die kleine Lampe auf der Kommode taucht den gesamten Bereich wie zur Bestätigung in ein warmes gelbes Licht.

Hell und Dunkel

Wer tagsüber helle (Schlaf-) Räume liebt und wen der etwaige Blick des neugierigen Nachbarn nicht stört, kann auf Gardinen oder andere Licht- und Sichtschlucker verzichten. Wer aber abends und nachts dennoch die absolute Dunkelheit und das Gefühl von Intimität bevorzugt, der sei auf die hier eingesetzte Gardinenalternative hingewiesen: Als dekorativer Wandbehang, in diesem Fall mit einem Rotton farblich auf die übrige Einrichtung abgestimmt, wurden hier lichtdichte Stoffbahnen als dekoratives Element an die Wand zwischen zwei Fenster gehängt. Bei Bedarf können die mit Ösen ausgestatteten Stoffbahnen an Haken vor die Fenster gehängt werden. Fertig ist die Dunkelkammer.

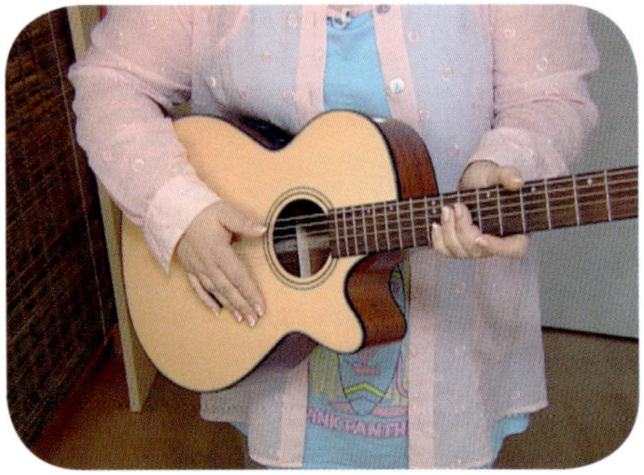

EIN ORIENTALISCHES SCHLAFGEMACH

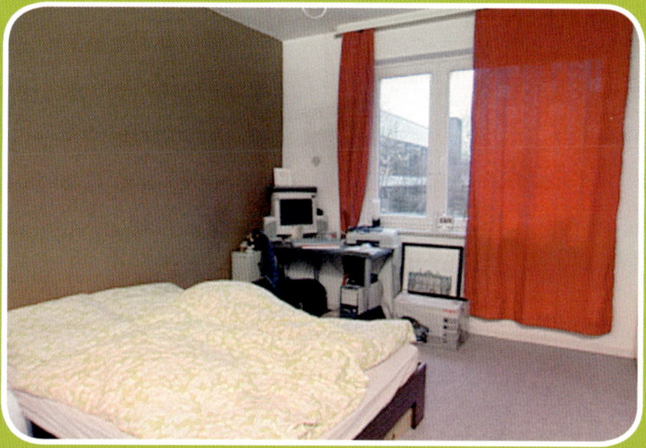

Hier wollte das junge Ehepaar ein wenig orientalisches Flair in seinen Schlafraum zaubern. Abgesehen von den roten Gardinen und dem erdigen Braunton an der Wand, die man als erste zaghafte Schritte in diese Richtung werten könnte, blieb das ambitionierte Unternehmen allerdings relativ erfolglos.

Lediglich ein erster Ansatz ist erkennbar

Möblierung und Bodenbelag ebenso wie die Bettwäsche sprechen farblich und formal eine eher nüchterne Sprache. Und der offene Arbeitsbereich am Fenster erinnert auch nicht eben an ein Märchen aus Tausendundeiner Nacht. Von einem durchkomponierten Farbarrangement, in das alle Raumelemente ästhetisch integriert sind, kann schon gar nicht die Rede sein, was aber besonders wegen der großen Schrankwand mit ihrem sachlich-langweiligen Design und den etwas klinisch anmutenden Weißtönen auch tatsächlich nicht ganz einfach ist. Denn ein solch dominierendes Möbelstück in eine farbliche ganz anders ausgerichtete Gestaltung einzubinden ist beileibe nicht ganz einfach. Aber, wie wir sehen werden: Es geht!

Um den exotischen Einrichtungswunsch nach orientalischer Atmosphäre in die Tat umzusetzen, bedarf es aber nicht nur eines entsprechend korrespondierenden Farbenspiels. Auch einige Möbel- und Deko-Details sind entscheidend. Sie können den Charakter eines Zimmers – wie wir schon des Öfteren sehen konnten – ganz entscheidend prägen. Um diese Details umzusetzen, bedarf es ein wenig Fantasie.

SO GEHT'S AUCH!

DIE LÖSUNG

Kaum wiederzuerkennen

... und doch das gleiche Schlafzimmer.

Um das gewünschte orientalische Flair zu erzielen, wurde bei der Auswahl der Farben auf warme, erdige Rot- und Brauntöne geachtet. Sowohl die Gardinen am Fenster als auch die Tapete an der Wand am Kopfende des Bettes, ja sogar die große und zuvor noch so unterkühlt wirkende Schrankwand sind in dunkleren und Ruhe ausstrahlenden Rottönen gehalten. Die beiden neuen Regale neben dem Bett wie das Bettgestell selbst sind aus dunkelbraunem Holz. Dazu passen auch sehr gut die hellbraunen und recht rustikal wirkenden Körbe, die in den Regalen einen optischen Akzent setzen.

Durch das relativ helle Licht der Leselampen am Bett sowie der Lichtampel vor dem Schrank leuchten die Rottöne im Zimmer in einem intimen gedämpften Glanz. Die Bettwäsche ist als lebendiger Farbkontrast in etwas helleren, aber ebenfalls erdigen Sand- und Steinfarben gehalten. Alles in allem wird so eine tragende und zugleich gemütlich einladende Atmosphäre erzeugt.

Farblicher Einklang

Um ein Einrichtungsthema wirklich überzeugend in Szene zu setzen, kommt man nicht umhin, vor allem die größeren Flächen und Möbel konsequent farblich aufeinander abzustimmen. Die sehr große und vormals klinisch weiße Schrankwand wird in die warme Farbkomposition optisch eingebunden, indem in die Kassetten der Türen dünne Paneele geklebt werden, die wiederum mit dunkelrot-golden gemusterten Stoff bezogen sind. Die Wand, an der später das Kopfende des Bettes stehen wird, wird mit einer Tapete dekoriert, die wie die Gardine und die Paneele der Schrankwand einen dunkelroten Grundton aufweist. Die erdig-grauen Streifen strukturieren die Wand dezent und verleihen dem gesamten Raum eine gewisse Eleganz.

Tines Tipp!

Ein Platz für Prinzessinnen

Prinzessinnen (ja, auch ich bin eine und gebe das gern zu!) lieben es, sich zum richtigen Zeitpunkt auf die richtige Art richtig schön zurechtzumachen. Ich tue dies am liebsten in aller Ruhe – und im Sitzen. Deshalb habe ich mir einen Schminkplatz gebaut, der nicht nur praktikabel, sondern auch einer Prinzessin würdig ist: Der große Spiegel sieht (leider) alles, erst recht, weil er so gut beleuchtet ist. Zum Schminktisch wurde ein Schreibtisch umfunktioniert, der viele Klappen (ursprünglich zum Verstauen von Computer- und Netzwerkkabeln) und Schubladen besitzt – man glaubt ja gar nicht, wie viele kleine Pinselchen, Spängchen, Töpfchen und Tiegelchen so eine Prinzessin braucht! Und die sollen ja nicht herumstehen und einstauben. Der Stuhl ist ein echter Profi-Friseurstuhl, den ich mir in einer ganz besonderen Farbe habe beziehen lassen. Auf diesem nimmt übrigens auch der Herrenbesuch gern Platz – weil er so wahnsinnig bequem ist!

Themendetails

Um eine themengebundene Atmosphäre zu kreieren, ist die Auswahl der Details ganz entscheidend. In diesem Fall wurde der Anklang orientalischer Gemütlichkeit unter anderem dadurch erzielt, dass die kleine Sitzgelegenheit der Leseecke vor dem Regal auf ein extra gefertigtes Podest gestellt wurde, auf das zuvor mit Hilfe von Schablonen und Goldlack ein orientalisches Muster aufgetragen worden ist. Die darauf gelegten Sitzkissen sind mit ebenfalls orientalisch angehauchten Intarsienstickereien versehen. Direkt an die Leseecke wurde ein kleines rundes Tischchen gestellt, dessen Abstellfläche aus einem Gold leuchtenden Tablett besteht. Die Abstellfläche weist wie auch die bunten Gläser und das silberne Teeservice ebenfalls exotische Muster auf.

3

EINFACH MEHRFACH NUTZEN

DAS MULTIFUNKTIONSZIMMER

Wohnen im Schlafzimmer? Oder schlafen im Arbeitszimmer? Oder arbeiten im Schlafraum? Oder schlafen im Wohnraum? Oder schlafen und arbeiten im Wohnraum? Oder was?

In den meisten Wohnungen kommt man ohne sie gar nicht aus, ohne diese Zimmer, die multifunktional genutzt werden müssen. Oder die man multifunktional nutzen will. Besondere Bedeutung kommt in diesen Räumen der Frage zu, wie man die Funktionen optisch voneinander trennt (wenn man sie trennen will). Raumteiler – von der Gardine über das Sideboard bis zum Regalsystem – sind in diesen Räumen das große Thema. Mit Farben spielen, mit Farben Funktionsbereiche abgrenzen, mit Farben für Licht auf beengtem Raum sorgen und mit Farbkombinationen Akzente setzen – auch das, wie in den anderen Raumtypen auch, ein großes Thema für Multifunktionsräume. Und natürlich gibt es auch hier wieder interessante Speziallösungen (wie man beispielsweise ein Bett komplett unter ein Podest zaubert).

Und schließlich ist auch die berühmte Arbeitsnische (mit Computerbildschirm und Tastatur), die man entweder unauffällig integrieren oder einfach komplett verschwinden lassen will, Gegenstand einer intensiven Beschäftigung.

DAS BETT IM BÜRO

Ein Bett im Kornfeld ... kann halt nicht jeder haben. Die meisten Menschen ziehen es sowieso vor, in geschlossenen Räumen zu nächtigen. Allzu oft sind eben jene geschlossenen Räume aber nicht in ausreichender Zahl vorhanden und zudem auch nicht so groß wie ein durchschnittliches Kornfeld.

Multifunktional denken

In diesem Fall wird im Schlafzimmer auch gearbeitet. Oder wird hier im Arbeitszimmer auch geschlafen? Egal. Jedenfalls eine Kombination, die sehr häufig vorkommt. Und eine Kombination von Funktionen, die nur in wenigen Berufsfeldern tatsächlich zusammengehören. In diesem Raum dürfen beide Tätigkeiten als diametral entgegengesetzt betrachtet werden: Hier arbeitet eine allein erziehende Mutter als Übersetzerin. Und eben hier schläft sie aber auch – auf einer ziemlich ausgelutschten ausziehbaren Schlafcouch. Aus Platznot stopft sie tagsüber die Bettwäsche in ein offenes Regalsystem, das eigentlich zur Büroeinrichtung gehört.

Das heißt faktisch, wenn sie tagsüber arbeitet, wird sie permanent daran erinnert, dass sie hier auch schläft – spätestens durch die Bettwäsche im Büroregal. Ein fataler, verführerischer Reiz! Umgekehrt erinnert sie der Schreibtisch bereits beim ersten Augenaufschlag am Morgen, was da auf sie am Schreibtisch wartet: Arbeit. Keine wirklich erfrischende Perspektive. Letztere ist in diesem Fall leider auch durch das *Einsatz in 4 Wänden*-Team nicht aufzuheben. Aber beim Arbeiten nicht ständig ans Schlafen erinnert zu werden, das geht. Und zwar, indem man das Bett tagsüber mitsamt Bettzeug komplett verschwinden lässt und stattdessen eine zusätzliche Fläche schafft, die sowohl zum Arbeiten (Lesen!) als auch zum Entspannen (Lesen!) genutzt werden kann.

Eine Multifunktionsbühne

Ein solches Podest zu bauen ist für geübte Hobby-Handwerker oder gelernte Tischler keine große Aufgabe. Dennoch seien an dieser Stelle ein paar nützliche Tipps gegeben.

Basis für ein Podest dieser Größe ist eine relativ einfache Rahmenkonstruktion. Das verwendete Holz sollte allerdings sowohl hinsichtlich der Qualität und der ausgewählten Dicke die späteren Belastungen tragen können. Auf das Holzgestell werden Bodenplatten aus Pressspan montiert. Auch hier empfiehlt es sich, auf eine ausreichende Dicke des Materials zu achten. Auf den Bodenplatten wiederum wird nun eine Trittschalldämmung für das Laminat verlegt. Weil das Laminat frei »schwimmend« (also nicht verklebt) verlegt werden soll, muss die erste Laminatreihe an der Kante des Podestes fixiert werden, damit das Laminat nicht vom Podest rutschen kann. Dazu wurde hier an der Kante Montagekleber aufgebracht.

SO GEHT'S AUCH!

DIE LÖSUNG

Abrakadabra …

… und weg ist das Bett. Doch das alles ist keine himmlische Zauberei. Des Rätsels Lösung ist im Gegenteil ein sehr hölzern-irdisches und speziell von einem Tischler auf die Raummaße zugeschnittenes Podest. Unter dem Podest befindet sich der auf leicht gängigen Rollen montierte und damit ausziehbare Bettkasten – mitsamt eingebautem Lattenrost und Bettwäsche. Tagsüber ist das Bett also komplett unsichtbar. Nachts jedoch wird das Büro zu einem wohnlichen Schlafzimmer. Denn die zusätzlich gewonnene Fläche auf dem Podest kann nicht nur tagsüber als eine Art Büroerweiterung zum Lesen genutzt werden. Sie ist im Gegenteil von der Möblierung her so angelegt, dass sie behagliche Wohnlichkeit ausstrahlt und damit ein atmosphärisches Bindeglied zwischen den so unterschiedlichen Tätigkeiten darstellt, denen die Bewohnerin in diesem Raum nachkommen muss.

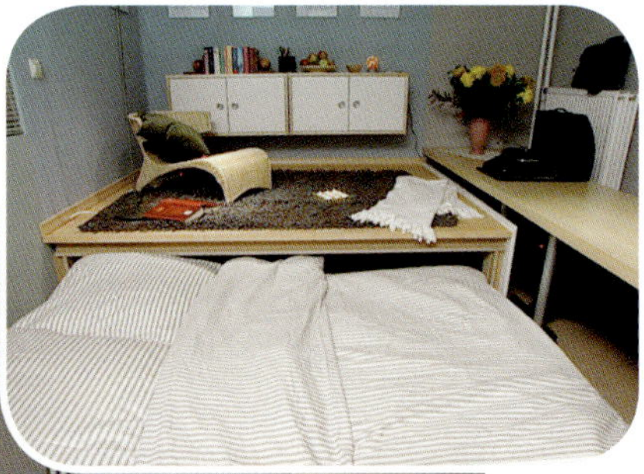

An der rechten Längswand wurde der neu installierte Schreibtisch über die gesamte Länge bis an die Stirnwand gezogen und befindet sich im Bettbereich auf der gleichen Ebene wie das Podest. Damit kann die Schreibtischplatte in diesem Bereich sowohl als Ablage für berufliche Unterlagen wie auch als Stellfläche für dekorativen Wohnschmuck wie Kerzenleuchter oder Fotorahmen etc. genutzt werden.

An der Wand über dem Podest wurden geschlossene Sideboards angebracht, die in einem neutralen, zum Podest und zur übrigen neuen Büroeinrichtung passenden Design gehalten sind. Als Stauraum können auch sie entweder für Büro- oder für Freizeitutensilien dienen. Die Leselampe unterstreicht mit ihrem intimen Licht die wohnliche Atmosphäre.

Das Podest dient tagsüber als wohnliche Lese- und Entspannungsinsel. Der ein wenig im Retro-Design der 50er gestaltete Lesesessel wirkt optisch wegen des Gestells aus Stahlrohr und wegen des hellen Korbgeflechts der Sitzfläche eher leicht, was auf beengtem Raum besonders vorteilhaft ist. Der auf dem Laminat liegende dunkle, flokatiartige Teppich vermittelt im Zusammenspiel mit den übrigen Möbelstücken eine wohnliche Atmosphäre, die einen angenehmen Akzent gegen die im übrigen Raum vorherrschende funktionale Sachlichkeit des Arbeitsbereiches setzt.

Tines Tipp!

Gebrauchsgegenstände als Deko

Wenig Platz und fehlender Stauraum sind in der Regel die größten Probleme, wenn es darum geht, eine Wohnung intelligent zu organisieren. Dabei ist es gar nicht so schwer, die vorhandenen Möglichkeiten optimal zu nutzen – z.B., indem man Gebrauchsgegenstände gleich als Dekorationsmaterial mitverwendet und somit zwei Fliegen mit einer Klappe schlägt. Hübsche Klappstühle kann man – wie hier zu sehen – bestens in Szene setzen. Taschen, mit Hilfe von gleichmäßig angeordneten Haken an die Wand gehängt, machen sich ebenso hübsch wie Bilder (wichtig hierbei: nie mehr als zwei Taschen pro Haken – sonst erhält das Ganze schnell einen chaotischen Garderoben-Charakter). In meiner Wohnung habe ich nicht nur eine solche »Taschenwand«, sondern benutze z.B. auch einen besonders schönen, selbst gezimmerten »Thron« als Ablage für Einkaufskörbe, Schals und Tücher; die Treppe im Eingangsbereich dient als Regal für besonders hübsche oder ausgefallene Schuhe. Schöner Nebeneffekt: Man lernt von ganz allein, Ordnung zu halten – alles kehrt nach Gebrauch sofort an seinen Platz zurück. Auch Bücher, Platten, Vasen und Geschirr können neben ihrer eigentlichen Funktion dekorative Zwecke erfüllen, wenn sie entsprechend platziert werden und nicht in Schränken versauern. Reine Dekorationsgegenstände wie Gestecke, Potpourris, Porzellanfigürchen oder Ähnliches sind oft überflüssige Staubfänger – nur wer wirklich Platz dafür hat, sollte sich solchen »Schnickschnack« zulegen. Und grundsätzlich gilt: Ungleiches in vielen unterschiedlichen Farben macht sich am besten vor einem ruhigen, hellen Hintergrund.

Keine einfache Aufgabe, aber eine lösbare

Für das konkrete Aussehen und die jeweilige Praktikabilität der verschiedenen Möglichkeiten einer solchen Mehrfachnutzung von Wohnraum ist aber vor allem die jeweilige Familienkonstellation ausschlaggebend. In diesem Fall lässt sich der Wohnbereich mit dem Schlafbereich insofern problemlos miteinander kombinieren, da es sich bei den Bewohnern um eine allein erziehende Mutter mit ihrem dreijährigen Sohn handelt. Die Mutter möchte das Kinderzimmer, das sie bis dato mit ihrem Kind auch als gemeinsamen Schlafraum nutzt, räumen, um ihrem Kind mehr Platz zum Spielen und einen eigenen Raum zu überlassen. Da die Mutter also die einzige Erwachsene in dieser Kleinstfamilie ist, kann sie beim Schlafen im Wohnbereich auch keiner stören. Eine allzu strenge Trennung, etwa durch das Einziehen von geschlossenen Wänden, ist hier nicht nötig. In solchen Fällen bietet sich eine viel elegantere und wohnlichere Variante an, die das *Einsatz in 4 Wänden*-Team mit besonderer Freude vollzieht, weil damit nicht nur der Mutter, sondern auch dem Kind ein großer Gefallen getan wird.

DAS WOHN-SCHLAFZIMMER

Dieser bisher allein als Wohnbereich genutzten Räumlichkeit unter dem Dach soll eine weitere Wohnfunktion, nämlich ein Schlafbereich, hinzugefügt werden. Die Kombination von zwei oder mehreren Funktionen in einem Raum kommt nicht selten vor – vor allem in kleineren Wohnungen.

Für die gigantische alte und über Eck laufende Couchlandschaft, die mit ihrem dunklen Lederbezug viel zu wuchtig, zu dominant und düster wirkt und für einen einzelnen Erwachsenen restlos überdimensioniert ist, wird in der neuen Raumgestaltung allerdings kein Platz mehr sein. Also raus damit!

SO GEHT'S AUCH!

DIE LÖSUNG

Eine Wand und doch keine Wand

Das Regal als Raumteiler – in diesem Fall drängte sich diese Variante geradezu auf. Ungefähr von dort, wo die Dachfenster sich in der Dachschrägen teilen, wurde ein von beiden Seiten offenes Regal mit quadratischen Öffnungen in den Raum gestellt.

So gelangt durch die linke Hälfte der Dachfenster Tageslicht in den Wohn- und über die rechte Hälfte Tageslicht in den Schlafbereich. Das Regal trennt nicht nur praktisch, sondern auch optisch beide Bereiche sehr deutlich, d.h., man kann vom Wohnbereich aus hinter dem Regal kaum erkennen, dass dort ein Bett steht. Was den großen Vorteil hat, dass man das Bett auch einmal unaufgeräumt lassen kann. Umgekehrt ist man im Schlafbereich vom übrigen Wohnbereich räumlich klar abgegrenzt, kann sich hier also in sein eigenes kleines Kuschelreich zurückziehen. Zwei kleine Leselampen geben am Kopfende ein gebündeltes Licht, das den intimen Charakter des Schlafbereichs noch unterstreicht.

Trotz der nicht ungeräumigen Schlafecke ist im Bereich links des Raumteilers noch genügend Platz für eine Couch und einen Couchtisch. Und auch wenn sie sehr viel kleiner ist als das schwarze Ledermonster von vorher, so ist sie für eine Erwachsene und ein kleines Kind doch immer noch ausreichend. Und wenn Besuch kommt, kann man problemlos noch den ein oder anderen Stuhl dazustellen, um mit Freundinnen und Freunden ein Glas Wein zu trinken.

Die »Schlafhöhle«

In Multifunktionsräumen muss die Atmosphäre den notwendigen Kompromissen nicht zwangsläufig und nicht gänzlich geopfert werden. Selbst mit einem solchen, relativ offenen Raumteiler lässt sich so etwas wie eine gemütliche Schlafhöhle herstellen.

Der Bettkasten wurde eigens von einem Schreiner speziell auf die hier vorgefundene Raumkonstellation zugeschnitten. Die Höhe von Bettkasten und Lattenrost wurde so gewählt, dass sich die Matratzenkante später in etwa auf gleicher Höhe wie das unterste Regal des Raumteilers befindet. So kann man dann das Regal auch von der Bettseite als »Nachttisch« benutzen. Es bietet sich natürlich an, in die quadratischen Öffnungen des Raumteilerregals persönliche oder auch einfach nur schmückende Accessoires zu stellen. Damit lockert man einerseits die Symmetrie der Regalkonstruktion ein wenig auf, und man macht es damit zu einem wohnlichen Bestandteil der gesamten Konzeption.

Mit Farben spielen

In kleinen, nicht sonderlich hellen Räumen ist die Auswahl der eingesetzten Farben – der Möbel wie der Wände – besonders wichtig. Von dem in diesem Fall ausgesuchten Farbkontrast geht nicht nur ein ästhetischer Reiz aus, man kann ihn darüber hinaus im gesamten Wohn- und Schlafbereich durchkomponieren. Gleichzeitig erfüllen die Farben auch eine konzeptionelle Funktion. Das dunkle, Ruhe spendende Rot an der Rückwand im Schlafbereich hinter dem Bett gibt dem Bereich optisch eine gewisse Tiefe, verwandelt den Schlafbereich in eine kleine, gemütliche Höhle, in die man sich zum Entspannen zurückziehen kann. Ein vergleichbares Rot wurde auch bei der Auswahl eines Teils der Kissen für das kleine Sofa im Wohnbereich ausgesucht, um das Farbspiel hier fortzusetzen. Zu viele dunkle Farben würden in diesem Raum jedoch zu viel Licht schlucken, er würde düster. Deshalb sind die anderen Farben sehr hell. Das kontrastierende Weiß der übrigen Wände, des Regals, des Sofas und einiger Kissen sowie das Hellgrau des Bettbezugs und der Kissen im Bett hellen den Raum auf und machen ihn optisch größer.

Tines Tipp!

Regale als Raumtrenner

Wohnen und Arbeiten, Schlafen und Wohnen, Arbeiten und Schlafen: In den meisten Wohnungen gibt es mindestens ein Zimmer, das mehrere Funktionen auf einmal erfüllen soll. Dass Regale sich in diesem Fall hervorragend als Raumtrenner eignen, ist nicht neu. Ich habe diesen »Klassiker der Raumtrennung« in meinem Domizil allerdings noch ein wenig optimiert und gleich zwei dieser schlichten weißen Regalkonstruktionen versetzt hintereinander aufgestellt. Der Vorteil: Ohne großen Platzverlust gibt es den doppelten Stauraum – und da beide Außenseiten der Regale »bespielt« werden können, bieten sie aus jedem Blickwinkel eine aufgeräumte Optik (auch wenn in den verdeckten Zwischenräumen in stressigen Zeiten manchmal der Teufel los ist). Zwei oder mehr gleiche Möbelstücke geschickt mit-, neben- oder hintereinander aufzustellen kann zudem auch günstigen Standardstücken einen ganz neuen, individuellen Look geben.

DAS SCHLAF-WOHNZIMMER

Wenn die Kinder kommen, wird's in mancher Wohnung plötzlich sehr, sehr eng. So auch in diesem Fall. Denn irgendwann beanspruchen Kinder ihren eigenen Raum. Und dann heißt's für die Eltern: entweder mit Kind und Kegel umziehen oder bleiben, wo man ist, und zusammenrücken. Und dann wird nicht selten eine Schlafcouch wie dieses blaue Monster gekauft und der Wohnraum gleichzeitig auch als Schlafzimmer genutzt.

Geht nicht, gibt's nicht!

Sicher, man kann das so machen. Wer aber in einem richtigen Bett schlafen, auf einer richtigen Couch nachmittags Tee oder Kaffee trinken und abends vor dem Fernseher sitzen will, wer also Wohnen und Schlafen voneinander trennen will, wird sich was einfallen lassen müssen. Zum Beispiel beide Bereiche nicht nur praktisch, sondern auch optisch klar voneinander zu trennen. Und das ist leichter zu bewerkstelligen, als man vielleicht denkt, mit zwei relativ einfachen Tricks, die aber eine große Wirkung haben.

Bodenhaftung

Will man auf engstem Raum zwei unterschiedliche Wohnfunktionen deutlich voneinander trennen, bietet es sich an, mit unterschiedlichen Bodenbelägen die jeweiligen Wohnfunktionen zu kennzeichnen. Zum Fenster hin soll der Schlafbereich untergebracht werden. Hier wird also das Bett stehen, und zwar in einem recht wohnlichen Ambiente. Deshalb liegt es nahe, in diesem Bereich Teppichboden zu verlegen. Im Wohnbereich hingegen wird Laminat verlegt.

Um die Laminatkante und den Teppichboden zu schützen und um vor allem zu verhindern, dass sich das nicht fest verklebte Klicklaminat durch die normale Benutzung vertritt, wird an der Kante der beiden Materialien ein Übergangsprofil angebracht. Durch die vorgebohrten Löcher in der Schiene werden in das Laminat Löcher gebohrt, in die man Dübel versenkt. Anschließend wird das Profil fest verschraubt, damit es sich auch unter Belastung nicht lösen kann.

Am Beginn stehen das Entrümpeln und Entsorgen in die Jahre gekommener Einrichtungs- und Ausstattungselemente.

Für den Wohnbereich hat sich das *Einsatz in 4 Wänden*-Team für Laminat entschieden.

Der Schlafbereich wird mit Teppichboden ausgelegt, um ein wohnliches Ambiente zu erreichen.

An der Nahtstelle zwischen Wohn- und Schlafbereich – zwischen Laminat und Teppichboden – muss ein Übergangsprofil angebracht werden, damit sich

das schwimmend verlegte Laminat nicht gegen bzw. unter die Teppichkante schieben kann.

Ein erster Schritt zur Trennung beider Bereiche wäre getan ...

SO GEHT'S AUCH!

DIE LÖSUNG

Und es geht doch!

Selbst auf so beengtem Raum ist ein Nebeneinander von Wohn- und Schlafbereich möglich. Im hinteren Teil zum Fenster hin steht nun ein gemütliches Bett, das – mit einer hübschen, hellen Tagesdecke – auch tagsüber einen Blickfang darstellt und die wohnliche Atmosphäre nicht weiter stört. Im vorderen Wohnbereich stehen nun eine kleine Couch und ein Sessel. Hier kann man gemütlich kuscheln, lesen oder fernsehen.

Durch die unterschiedlichen Bodenbeläge sind die Lebensbereiche bereits unaufdringlich voneinander abgegrenzt. Doch damit ist natürlich noch keine optische Trennung vorgenommen. Eine geschlossene Trennwand wäre in diesem Fall keine Lösung: Erstens würden die beiden Lebensbereiche jeder für sich viel zu klein wirken, und zweitens würde eine Wand das im Wohnbereich benötigte Tageslicht, das allein durch das Fenster am Bett in den Raum dringen kann, komplett wegnehmen.

Für solche Fälle gibt es einen genialen Kompromiss: eine Gardine aus hellem und gazeartigem Stoff. Sie ist erstens einfach anzubringen, zweitens leicht zu öffnen und zu schließen, sie macht drittens im geschlossenen Zustand den Schlafbereich nahezu unsichtbar, und, last but not least, ist sie transparent genug, um noch genügend Tageslicht in den Wohnbereich vordringen zu lassen.

Licht ist auch eine Frage der Farbe!

Wenn in kleinen Räumen mit einer eingeschränkten natürlichen Lichtquelle auch noch relativ viele und womöglich sperrige Möbel untergebracht werden müssen, dann gilt für die Farbwahl durchgehend: helle Farben! Weiß sollte in solchen Fällen besonders zum Einsatz kommen. Um nun aber keinen klinischen Eindruck zu erzeugen, sollten die Weißtöne jeweils leicht abgetönt sein. Mit hellen Farben wirkt der Raum jedenfalls weitaus großzügiger, als er in Wirklichkeit ist. Die Wände, die Bezüge der Couch, der Kissen und der Tagesdecke des Bettes reflektieren das einfallende Tageslicht und tauchen so den Raum in eine freundliche Atmosphäre. Die transparente, ebenfalls helle Gardine verwehrt zwar den Einblick vom Wohn- in den Schlafbereich, lässt aber vom Fenster des Schlafbereichs noch genügend Licht in den Wohnbereich einfallen. Einfache Mittel – große Wirkung!

DAS WOHN-SCHLAF-ESSZIMMER

Zwei Funktionen musste bereits das alte Zimmer erfüllen: Rechts vom Eingangsbereich wurde an einem Esstisch gegessen, im hinteren Teil des Raumes wurde gewohnt. Das an sich ist keine besondere Ausnahmesituation und wird in vielen Wohnungen so praktiziert. In diesem Fall jedoch soll diesen beiden Funktionen noch eine dritte hinzugefügt werden.

Aus zwei mach drei!

Die allein erziehende Mutter von vier Kindern muss im Wohnbereich zukünftig auch nächtigen. Bisher hatte sie im Zimmer ihrer Töchter geschlafen. Doch ab einem bestimmten Alter empfiehlt es sich einfach, als Mutter das Feld zu räumen – wenn man Wert auf den häuslichen Frieden legt. Da die räumlichen Kapazitäten allerdings erschöpft sind, bleibt nur der Ausweg, aus dem bisherigen Wohn-Esszimmer ein Wohn-Ess-Schlafzimmer zu machen.

Dabei ist sich das *Einsatz in 4 Wänden*-Team schnell einig, dass in diesem Fall ein Großteil der ästhetisch einwandfreien Möbel übernommen werden kann. Hier geht es in erster Linie darum, den Wohnbereich durch eine neue Möblierung um die Schlaffunktion zu erweitern und wegen der zusätzlichen Schlaffunktion auch eine gewisse Abgrenzung zum Essbereich herzustellen. Also ein lösbares Problem!

SO GEHT'S AUCH!

DIE LÖSUNG

Bitte sehr: ein Raum, drei Funktionen

Der Esstisch und seine Position konnten unverändert bleiben. Lediglich ein frischer Orange-Ton grenzt ihn funktional vom übrigen Raum ab. An ihrem Standort verblieben ist auch die niedrige Kommode an der linken Wand.

Neu hinzugekommen ist allerdings eine speziell auf diesen Raum hin angefertigte, geschlossene und recht hoch gebaute Regalkonstruktion. Sie ist das für die Integration der dritten Funktion entscheidende Element. Zum einen dient sie als Raumteiler und Sichtschutz für den dahinter befindlichen Wohn- und nun auch Schlafbereich. Dabei reicht sie jedoch nicht zu weit in den Raum, um ihn nicht unnötig kleiner wirken zu lassen, als er ist. Zum anderen bietet sie zusätzlichen Stauraum: Auf der Seite des Sitz-Schlafbereichs befindet sich in der einen Hälfte der Fernseher; auf der Seite des Essbereichs sind in der anderen Hälfte Gläser untergebracht. Eine Gardine aus transparentem, hellem, leichtem Stoff schirmt bei Bedarf den hinteren Schlafbereich zusätzlich ein wenig ab und stellt somit beizeiten eine gewisse Intimität her, die beim Schlafen ja durchaus wünschenswert ist.
Die helle und moderne Sitzgruppe ist mit wenigen Handgriffen zu einem geräumigen Bett auszieh- und umklappbar. Die Bettwäsche kann in einem Bettkasten unsichtbar verstaut werden. Der Tisch muss für den Bettenbau zwar verschoben werden. Doch das sollte der geringste der Nachteile sein, die man bei einer derartigen Dreierkombi in Kauf zu nehmen bereit sein sollte.

Tines Tipp!

Wie man sich bettet ...

Im Bett will man manchmal nicht nur liegen, sondern auch sitzen – zum Lesen, zum Kaffeetrinken, zum Fernsehen oder Arbeiten. Eine kalte Wand im Rücken nervt dabei. Schöner ist ein Betthaupt, das so hoch sein sollte, dass man auch seinen Kopf noch weich daran bettet. Und das ist keine Frage des Budgets: Wer sich kein Bett mit Haupt leisten mag (dieses zusätzliche Salz in der Suppe hat meistens auch einen gepfefferten Preis!), baut sich mit Hilfe von Schaumstoff selbst eines und hängt es schlicht mit Klettband (dieses auf Leisten anbringen, falls es auf Putz nicht kleben will) an die Wand. Ein hübscher (selbst genähter?) Bezug aus dem eigenen individuellen Wunschstoff ist dann abnehm- und waschbar und kann nach Lust und Laune gewechselt werden. Süße Träume!

Aus Alt mach Neu

Die alte Holzkommode ist eigentlich noch sehr gut in Schuss und steht im Grunde auch am richtigen Ort. Die neue Spezialkonstruktion, die nach dem Umbau als Raumteiler den Wohn- vom Essbereich trennt, ist jedoch in Weiß gehalten, um mit den neuen hellen Sitzmöbeln im Wohnbereich ein harmonisches Gesamtbild zu erzeugen. Insofern war es für eine stilistische Angleichung sinnvoll, die Kommode im Landhausstil weiß zu lackieren. Die Abstellfläche beider Möbelteile blieb allerdings um der Wohnlichkeit willen in Naturholz. So reflektieren auch die weiter vom Fenster wegstehenden hellen Möbel das einfallende Tageslicht und tragen dazu bei, dass auch noch im Esstischbereich eine freundliche Atmosphäre existiert.

EXKURS: KLEINE ARBEITSNISCHEN INTEGRIEREN

Beispiel 1: Ein Staubfänger …

Dieser kleine Arbeitsbereich in einem recht kleinen Schlafzimmer vereint zwei grundsätzliche Probleme in sich: Erstens schlucken die hier eingesetzten schwarzen Möbel in kleineren Räumen zu viel Licht, wirken ein wenig düster und auch reichlich antiquiert. Und zweitens ist der Arbeitsbereich offen, was wegen der natürlichen Staubentwicklung in einem Schlafzimmer eine denkbar schlechte Variante darstellt.

Die Lösung: Einfache Verschleierung

Erstens sollte man helle Materialien für Schreibtisch und Regalsysteme einsetzen. Sie sorgen dafür, dass in dem an sich nicht sehr geräumigen Schlafraum eine freundliche Atmosphäre vorherrscht und der Raum optisch großzügiger wirkt. Und zweitens: Ein heller Vorhang, der den gesamten Arbeitsbereich optisch verschwinden lässt, wenn er nicht gebraucht wird. Ein solcher Vorhang ist einfach anzubringen, er wirkt wohnlich und luftig und nicht so schwer wie beispielsweise ein Schrank. Und das Wichtigste: Staub im Regal ist fortan kein Thema mehr.

Beispiel 2:
Noch ein Staubfänger ...

Auch hier das bekannte Problem: ein offener Schreibtisch in einem Schlafraum. In diesem Fall steht der Schreibtisch an einem Fenster. Zweifelsohne ist Tageslicht das bessere Licht zum Arbeiten. Doch auch hier handelt es sich um einen Arbeitsbereich, der nur sehr sporadisch genutzt wird. In der Güterabwägung sollte man sich also fragen, ob der wertvolle Raum am Fenster nicht doch besser für andere Funktionen genutzt werden oder aus ästhetischen Erwägungen sogar ganz frei bleiben sollte.

Die Lösung:
Ab in den Schrank

Der Arbeitsbereich hat in diesem Fall hinter der Doppeltüre einer bereits vorhandenen Schrankwand Unterkunft gefunden. Einige speziell auf die Breite des Schrankes zugeschnittene Regalbretter dienen als Arbeitsplatte und als Akten- oder Buchablage. Hier hat man zwar kein natürliches Licht mehr, und der Arbeitsbereich ist – in der Breite – auch kleiner. Für nur gelegentlich ausgeführte Tätigkeiten reicht es aber allemal. Nach getaner Arbeit kann man die Arbeitsnische dann komplett verschwinden lassen. An der Tür links ist ein Türbehang mit einer Vielzahl von Taschen angebracht, in denen man zudem allerlei Kleinteile unterbringen kann.

Beispiel 3: Wohnen oder Arbeiten?

Hinsichtlich der Flächenaufteilung sind die Wohnzimmer in der Regel die größten Räume einer Wohnung. Deshalb bietet es sich an – wenn man über kein eigenes Arbeitszimmer verfügt –, kleine Arbeitsnischen hier und nicht woanders unterzubringen. Kernproblem: Ein Arbeitsbereich macht in den seltensten Fällen einen wohnlichen Eindruck. Es ist eben ein Arbeitsbereich und kein Freizeitbereich. Und wenn der Arbeitsbereich nicht – wie bei manchen Freiberuflern – wirklich zum alltäglichen Leben gehört, wirken Schreibtische und Computer in Wohnräumen oft ein wenig deplatziert und aufdringlich.

Die Lösung: Die Schiebetür entscheidet

Wer nur hin und wieder am Schreibtisch sitzen muss, sollte über die Möglichkeit nachdenken, den Arbeitsbereich zu verbergen, indem man ihn z.B. einfach in eine Schrankwand integriert. In diesem Fall teilen sich Arbeitsnische und Fernseher einen Einbauschrank. Besonders praktisch: Mit einer Schiebetür kann man den jeweils benötigten Bereich öffnen, der andere Teil ist optisch dann jeweils verschwunden. Der zusätzliche Vorteil gegenüber einer normalen Scharniertür besteht darin, dass man für den Öffnungsradius der Tür keinen Raum freihalten muss – eine Platz sparende Schrankvariante.

Beispiel 4:
Eine schmale Arbeitssäule

Eigentlich keine schlechte Idee: In den Mauervorsprung dieses Wohnraums hatte bereits ein Tischler ein dreieckiges Regal aus Holz eingepasst. Und aus diesem Regal ragt eine Mini-Arbeitsplatte hervor, die das eigentliche Problem darstellt. Genauer: Im »Mini« der Arbeitsplatte liegt das Problem, denn außer dem Computerbildschirm hat hier kaum noch etwas anderes Platz. Der war aber gefragt. Zudem: Der Raum links unter dem Fenster, also der besten Lichtquelle zum Arbeiten, wird als Standort für Gegenstände vergeudet, die man überall anders ebenso gut unterbringen könnte.

Die Lösung:
In die Verlängerung gehen!

Der Raum unter dem Fenster wurde entrümpelt, um eine durchgehende schmale Arbeitsplatte von der Wand links bis in das schon existierende Regal in der Wandnische einpassen zu können. Nun ist der vormals eher tote Raum unter dem Fenster sinnvoll genutzt. Um die eher sachliche Nüchternheit einer solchen Arbeitsnische ein wenig zu mildern und der Wohnlichkeit des übrigen Raums anzupassen, kann das Fensterbrett genutzt werden, um hier einige wohnliche Accessoires wie Blumenvasen etc. zu platzieren. Und das Beste: Mit einem einfachen, in diesem Fall hellgelben Vorhang, kann der Arbeitsplatz optisch versteckt werden. Der Stoff sollte jedoch ausreichend transparent sein, um das natürliche Tageslicht noch in den Wohnraum vordringen zu lassen. Das Gelb des Vorhangs taucht dann den gesamten Raum in eine freundlich-sommerliche Atmosphäre.

Beispiel 5: Das schlechte Gewissen

Ist der Wohnraum groß genug und lässt die Zimmeraufteilung der Wohnung das Einrichten eines eigenen Arbeitszimmers nicht zu, dann liegt es nahe, den Arbeitsplatz in den Wohnraum zu integrieren. In den seltensten Fällen ist der Wohnraum groß genug, dass man durch das Einziehen von Wänden einen zusätzlichen Raum abtrennen könnte. Doch Wohnen und Arbeiten sind nunmal zwei gegensätzliche Tätigkeiten. Und wer sich gerade faul auf dem Sofa rumlümmelt, möchte nicht bei jeder Gelegenheit den Arbeitsplatz im Blick haben. Sonst packt ihn irgendwann das schlechte Gewissen. Es gilt in solchen Fällen also, einerseits eine wohnliche Integration vorzunehmen und andererseits eine visuelle Trennung beider Bereiche herzustellen, also einen Sichtschutz zu installieren – gegen das schlechte Gewissen quasi.

Die Lösung: Ein »Palisadensichtschutz«

In einem ersten Schritt wurde der Schreibtisch von der Wand weggerückt. Ihn an die Wand zu stellen liegt zwar nahe, ist aber bei der Arbeit nicht sonderlich inspirierend: man glotzt eben immer vor die Wand (Stichwort: Feng Shui!). So entsteht an der Wand hinter dem Schreibtisch auch Platz für die Bücherregale. Um nun den vorgerückten Arbeitsbereich optisch abzugrenzen und die direkte Sicht auf den Schreibtisch zu verhindern, wurde eine Art Holzpalisade vor dem Schreibtisch installiert. Die einfachen Holzbretter sind vom Material und von der Farbe (Lasur) an die Regale und die übrige Möblierung im Wohnraum angepasst und fügen sich somit optisch harmonisch in die Gesamtkonzeption ein. Hinter diesem Sichtschutz kann man nun auch einmal getrost die unvollendete Arbeit liegen lassen, ohne dass man permanent an sie erinnert wird – wenn man doch einfach nur mal rumlümmeln will …

Beispiel 6: Die ungeliebte Arbeitsecke

Seitdem der Siegeszug der Computer auch vor den heimischen Schreibtischen keinen Halt gemacht hat, trifft man vielerorts auf solche Arbeitsecken, die in Größe und Zuschnitt nur noch auf das technische Equipment zugeschnitten sind. Dass es sich bei einem Computer aber lediglich um ein technisches Hilfsmittel handelt und man nach wie vor für die normale Schreibtischarbeit halt immer noch einen Schreibtisch braucht, wird oftmals nicht realisiert. Diese vor allem beim jungen Publikum vielleicht etwas altmodisch erscheinende Einrichtung wird vor allem dann nicht respektiert, wenn man der Meinung ist, für einen Schreibtisch sei einfach kein Platz. Dann verbannt man den Arbeitsbereich als Schmuddelkind in die Ecke. Und mit Schmuddelkindern spielt man nicht. Es geht aber auch in solch beengten Verhältnissen ganz anders. Man muss nur aus der Not eine Tugend machen.

Die Lösung: Die grüne Alternative

Mit dem neu installierten Schreibtisch ist endlich ein funktionaler Arbeitsbereich eingerichtet worden. Trotz seiner Präsenz in diesem kleinen Wohnraum wirkt er nicht weiter störend. Aus einem einfachen Grund: Die gesamte Möblierung, sowohl des Wohnbereichs wie auch des Arbeitsbereichs, ist stilistisch und ästhetisch aus einem Guss. Das Sofa ist von ebenso schnörkelloser Zeitlosigkeit und ebenso cool und modern wie die sachliche Eleganz des Schreibtisches und des Stahlschrankes an der Stirnwand, in dem hinter Rollos Akten etc. untergebracht werden können. Dass Wohn- und Arbeitsbereich einander nicht stören, wird darüber hinaus durch das grüne Farbband an der Längswand bewirkt, das beide Bereiche wie eine Klammer miteinander verbindet. Das in der Gesamtkonzeption vorherrschende Grün wirkt beruhigend und harmonisch.

4

WOHNEN SIE NOCH ODER LEBEN SIE SCHON?

DER WOHNRAUM

Was wird einem nicht alles als wohnlich verkauft. Ein Klassiker: die Schrankwand! Gigantisch groß, platzgreifend, dunkel und in aller Regel (besonders die im berühmten Barock aus Gelsenkirchen) hässlicher, als die Polizei erlaubt. Sehr beliebt auch: Sitzlandschaften von der Größe eines Golfplatzes – womöglich auch noch aus schwarzem Leder.

Über Geschmack lässt sich bekanntlich streiten. Aber in vielen Wohnräumen stehen Möbel, die hier aus ganz anderen als aus Gründen des guten Geschmacks einfach nicht stehen sollten. Entweder sie passen stilistisch überhaupt nicht zueinander oder sie sind für die betreffenden Räume einfach zu groß. Oder sie sind einfach nur restlos unfunktional. Aber nicht nur die passende Möblierung ist für Komfort und Wohnlichkeit ausschlaggebend. Auch Farben, die auf Möblierung, Materialauswahl und auf die Menge des einfallenden Tageslichtes abgestimmt sind, entscheiden über das Raumgefühl.

Und es gibt eine Menge Detaillösungen, mit denen man einen Wohnraum atmosphärisch und stilistisch gestalten kann. Ob es sich dabei um hübsche Deko-Artikel, Sichtblenden für hässliche Heizkörper, speziell angefertigte Podeste für exotische Sitzgelegenheiten oder um Einrichtungsideen handelt, wie man überflüssige kleine Fensternischen sinnvoll in eine Einrichtungskonzeption integriert: Es gibt viel zu tun. Also packen Sie's an!

ORIENTALISCHE LÄSSIGKEIT

Auch die schönsten Erbstücke überleben sich irgendwann. Wie diese Lederteile aus den späten 70ern. Vielleicht sind sie auch aus den frühen 80ern. Jedenfalls sind sie alt. Sehr alt. Und sehr unmodern. Also entsorgen. Auf der großen Müllkippe der Erinnerung, oder großzügig stiften. An eine Schule z.B. oder ein Jugendzentrum. Die können solche ausrangierten Möbel für ihre Freizeitbereiche gut gebrauchen.

Alt und unmodern = entsorgen

In dieser Wohnung jedenfalls sind sie nicht mehr verwendbar. Auch die dazu gestellten, in einem farblich nicht unbedingt kompatiblen Blau gehaltenen Sitzgelegenheiten neueren Datums sind in der neuen Raumkonzeption nicht unterzubringen. Denn diese Möbel strahlen alles aus, aber in keinem Fall jenen leicht orientalisch-folkloristischen Chic und die damit einhergehende Lässigkeit, die von den Bewohnern, einem jungen Pärchen, in ihrem neuen Wohnraum so sehr gewünscht werden.

Um den Wunsch des Pärchens zu erfüllen, bedarf es eines Stücks Arbeit. Denn in diesem Fall hat sich das *Einsatz in 4 Wänden*-Team eine ganz besondere Konstruktion einfallen lassen. Und die ist mit einer Möblierung von der Stange nicht zu verwirklichen. Ein spezieller Zuschnitt ist in diesem Fall gefragt.

SO GEHT'S AUCH!

DIE LÖSUNG

Ein fliegender Teppich aus Tausendundeiner Nacht. Die neue Sitzgruppe schwebt auf einem circa zehn Zentimeter hohen Podest über dem Parkettboden des Wohnraums. Die Konstruktion eines solchen Podests bot sich zum einen natürlich aus thematischen Erwägungen als gestalterischer Gag an. Darüber hinaus hat sie aber auch noch einen ganz praktischen Nutzen: Sowohl das auf Türstoppern stehende Holzpodest wie auch der auf dem Podest liegende dicke Teppich wirken schall- und trittdämpfend, was wegen der Hellhörigkeit der Wohnung von den Bewohnern freudig begrüßt wurde.

Die Wand hinter der Sitzgruppe erstrahlt in einem kühlen Weiß, wie man es aus den heißen mediterranen Ländern kennt. Die Wand gegenüber der Sitzgruppe hingegen ist in warmen, erdigen Farben gehalten. Das Rot des Wandstreifens findet sich wieder in den Rottönen der Gardine und des Teppichs, das warme Gelb korrespondiert mit den hellen sandfarbenen

Farbtönen des Parketts und der Holzmöbel. Der Teppich mit einem folkloristisch anmutenden Streifenmuster, in dem sich ein orientalisches Farbenspiel andeutet, markiert und begrenzt optisch den erhöhten Sitzbereich.

Und als besonderer Clou wurden auf dem Podest weder Sessel noch Sofas aufgestellt, sondern einfache Sitzkissen verteilt, ein bisschen wie in einem Beduinenzelt. Eine Idee, die – zugegeben – mehr etwas für junge Leute ist. Das indirekte Licht hinter der Rückenlehne an der Wand bedurfte der Ergänzung einer warmen Lichtquelle über den Couchtischen: Die beiden mit Teelichten bestückten bunten Lampen unterstreichen mit ihrer orientalisch-verspielten Ornamentik den folkloristischen Gesamteindruck dieser Sitzgruppe. Die mediterran palmenartigen Pflanzen unter dem Fenster tun ihr Übriges dazu. Eine bunte, junge und lässige Raumgestaltung mit folkloristischem Touch.

Der »fliegende Teppich« – ein Podest

Das leicht erhöhte Podest für die Sitzgruppe setzt mit einem Augenzwinkern das Thema vom »fliegenden Teppich« um.

Das Podest wird aus mehreren Pressspanplatten hergestellt. Diese Pressspanplatten erhält man in

jedem Hobby- oder Baumarkt, der eine Holzabteilung hat. Der jeweilige Zuschnitt wird individuell nach Wunsch ausgeführt. Um aus den einzelnen Platten eine zusammenhängende Fläche zu erstellen, müssen die Pressspanplatten mit entsprechenden Beschlägen fest miteinander verschraubt werden. Um ein Auseinanderrutschen zu verhindern, sollte man nicht an Schrauben sparen. Die Höhe von insgesamt circa zehn Zentimetern sowie die notwendige Rutschfestigkeit des Podestes werden erzielt, indem in ausreichender Zahl über die gesamte Fläche des Podestes verteilt einfache Gummitürstopper in die Pressspanplatten verschraubt werden.

Die Ausstattung des »fliegenden Teppichs«

Weil auf dem Podest keine herkömmlichen Sitzmöbel Platz finden werden, sondern ein dicker Teppich und einfache Kissen, muss an der Wand eine mit Kissen ausgestatte Rückenlehne angebracht werden. Diese Rückenlehne dient auch der Installation für eine indirekte Beleuchtung. Als Rückenlehne wird ein auf die entsprechende Länge zugeschnittenes einfaches Holzbrett an der Wand befestigt. Dazu werden an die Wand zunächst Kanthölzer geschraubt. Die auf diesen Kanthölzern angebrachten Leuchtstoffröhren werden später hinter der Rückenlehne für indirektes Licht sorgen. Damit die Kissen an der Rückenlehne nicht verrutschen, werden am Brett der Rückenlehne Klettbänder aufgeklebt, an denen die ebenfalls mit Klettbändern ausgestatteten Kissen später Halt finden werden. Die einfachen Kissen als Sitzgelegenheit verlangen nach einem gemütlich weichen Untergrund. Ein dicker Teppich dient aber zugleich auch als gewünschter Schallschutz.

Tines Tipp!

Möbel von der Stange – ganz individuell

Wer braucht Designerstücke, wenn es auch anders – und vor allen Dingen günstiger – geht? Standardmöbel können ganz schnell zum Unikat werden! Bei meiner Leidenschaft für gute Drinks und Cocktails (schließlich will ausprobiert werden, was ich den Gästen in meiner Bar »parallelwelt« in Hamburg-Altona anbiete!) musste dringend eine Hausbar her, die Platz für Flaschen, den Cocktailshaker, Gläser und Rezeptbücher bietet, und das Ganze auch noch in der richtigen Höhe (immer bücken oder strecken macht da keinen Spaß). Die Lösung: mehrere einfache Spinde, die es für wenig Geld gab, nebeneinander aufgestellt und durch eine massive, pflegeleichte Holzplatte miteinander verbunden. Sollte mal eine Flasche umkippen – kein Problem: Die metallenen Füße der Spinde sorgen dafür, dass unter der Bar blitzschnell der Wischmopp geschwungen werden kann. Das passiert zum Glück nicht allzu häufig! Und auch, wenn ich schwarze Möbel normalerweise nicht ausstehen kann: Zum Thema »Bar« passt die Farbe der Spinde hervorragend, und in Kombination mit der Holzplatte entsteht auf einfache Art eine moderne, elegante, dennoch nicht zu förmliche Optik. Das Beste daran ist aber: Diese Bar hat sonst niemand auf der Welt!

KLEINE FENSTER-NISCHEN

Mini-Fensternischen wie diese findet man in Neubauten leider öfter, als man es sich wünscht. Von außen mögen sie ja einen gewissen architektonischen und ästhetischen Reiz besitzen – aber im Wohnbereich?

Was macht man mit einer solchen Ausbuchtung?

Als leidgeprüfter Bewohner sieht man sich nur allzu häufig mit diese Frage konfrontiert. Zumal in der Regel auch noch 08/15-Heizkörper angebracht sind, über deren gestalterische Schönheit man wirklich streiten kann. »Irgendetwas reinstellen«, ist die nahe liegendste Antwort. Zum Beispiel einen Schreibtisch. Oder einen Esstisch. In diesem Wohnraum war ein Schreibtisch nicht gefragt. Also stellte die Bewohnerin einen Esstisch in die Nische. Die Tiefe der Fensternische reicht jedoch gerade einmal aus, um eine Art Bistro-Tischchen unterzubringen. An dem kann man bestenfalls eine Tasse Kaffee trinken. Sehr viel mehr nicht! Die drei Stühle stellen jedenfalls hinsichtlich der Esstisch-Funktion einen sehr ambitionierten Anspruch dar.

In diesem nicht allzu großen Wohnzimmer war der Planung des *Einsatz in 4 Wänden*-Teams zufolge ein großes Möbelrücken gefragt, um für einige Funktionsbereiche, wie z.B. einen größeren Esstisch, eine neue Stellfläche mit mehr Raum zu erzielen. So nahe liegend es sein mag, eine solche Nische mit funktionellen Möbeln zu bestücken, in diesem Fall war der genau umgekehrte Gedanke sehr hilfreich.

SO GEHT'S AUCH!

DIE LÖSUNG

Mal etwas anderes

Die Nische wird nicht in ihrer ursprünglichen Form als Nische in die Raumplanung integriert, sondern als eine Fortsetzung der rechts von der Fensternische befindlichen kleinen Wand. Diese Wand, an der zuvor gerade einmal der Fernseher Platz gefunden hatte, sollte im Rahmen der neuen Raumkonzeption optisch und funktional nach links hin verlängert werden, um sie als »Rückendeckung« für ein neues Sofa zu nutzen. Die Lösung des Problems war eine einfache Sockelkonstruktion in der gleichen Höhe der Fensterbänke mit der die Nische geschlossen wurde – abgesehen von einem kleinen Zugang zu den Fenstern und zu den Bedienungselementen der Heizung an der linken Seite.

Eine solche Sockelkonstruktion aus Holz oder MDF ist für einen geübten Heimwerker oder einen professionellen Tischler handwerklich keine wirkliche Herausforderung. Neben ihrer Funktion als Fortsetzung der Wand und Nischenfüller bietet sie noch eine großzügige Stellfläche für wohnliche Accessoires. Und ein weiterer Nebeneffekt:

Der unter dem Fenster befindliche hässliche Heizkörper verschwindet hinter dem Sockel.

Schließlich bindet der links über das Sofa hinausgehende, in einem Ochsenblutrot lackierte Sockel, gemeinsam mit der in gleicher Farbe lackierten Wandverkleidung an der rechten Wand, das Sofa harmonisch ein. Das Grau des Sofas wirkt gegenüber dem kräftigen und dominanten Rot ein wenig neutralisierend und besänftigend – eine sich wunderbar ergänzende Farbkombination.

Sichtblende und Nischenfüller

Die Sockelkonstruktion aus einfachem MDF oder aber auch aus Holz ist relativ einfach herzustellen und kein großer Kostenfaktor. Für die farbliche Gestaltung sollte ein kratzfester Lack gewählt werden. Natürlich ist es wichtig, die Farbe auf die übrigen Farben im Zimmer abzustimmen.

Besonders toll wirkt es, wenn sich auch die Deko auf dem Sockel farblich an die Gesamtgestaltung anlehnt. Es lohnt sich, auf solche Details zu achten!

VERSTECKTER HEIZKÖRPER

Schicke Designer-Heizungen können einen Raum innenarchitektonisch durchaus bereichern. Aber sie sind in der Regel teuer, und so manch ein Entwurf strapaziert die Grenzen des durchschnittlichen Geschmacks allzu sehr.

Dominant und hässlich

In den meisten Mietwohnungen trifft man auf handelsübliche Heizkörper wie diesen hier, einen so genannten Radiator. Solche Heizkörper sind aus Gusseisen oder Stahl, meist weiß lackiert – und sie sind hässlich. Zu allem Übel setzt eine gleichmäßige und vor allem ausreichende Wärmeerzeugung eine gewisse Größe voraus. Was nicht selten zur Folge hat, dass Heizkörper – vor allem in den vergleichsweise größeren Wohnräumen – optisch eine sehr dominante Rolle spielen. Ihr Beitrag zur Ästhetik ist hingegen in der Regel leider nur gering einzuschätzen. Das über diesen Heizungen meist angebrachte schmale Regal verführt zudem dazu, allerlei Krimskrams darauf abzustellen. Alles in allem stellt ein solcher traditioneller Heizkörper also eine ästhetische Problemzone dar.

Wer den alten hässlichen Heizkörper nicht auf eigene Kosten gegen einen schicken neuen austauschen möchte, sollte vielleicht eine Überlegung an die folgende, sehr kostengünstige Variante verschwenden – eine einfach anzubringende Sichtblende. Es lohnt sich!

Die Heizkörper-Sichtblende

Alle Materialien für eine solche Heizkörper-Sichtblende sind in jedem gut sortierten Baumarkt erhältlich. Was man dann noch braucht, ist ein wenig handwerkliches Geschick oder ein örtliches Branchenbuch. Das MDF für den Rahmen der Sichtblende wird vorgebohrt.

MDF eignet sich besonders gut für diese Konstruktion. Es ist sehr kostengünstig, einfach zu verarbeiten und weist dennoch genügend Formstabilität auf. Zwischen die MDF-Rahmen wurde ein Bambus-Rollo gespannt und von hinten verschraubt.

Solche Bambus-Rollos erhält man mittlerweile für wenig Geld in den meisten Baumärkten oder Einrichtungshäusern. Sehr gut zu erkennen ist die Transparenz des Bambus-Rollos.

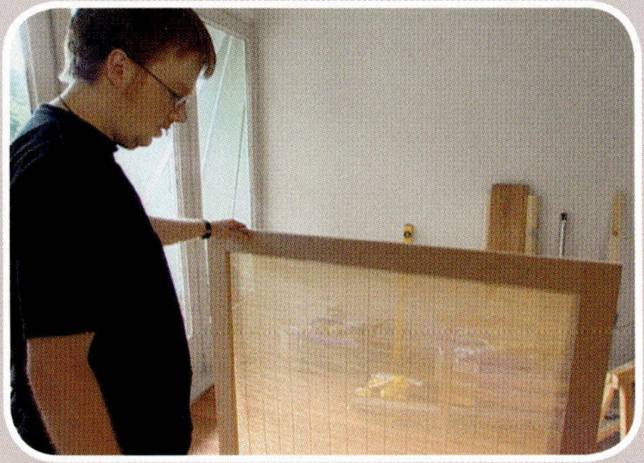

Sie verleiht der später fest montierten Konstruktion optisch eine gewisse Leichtigkeit. Die Zwischenräume des Rollos gewährleisten zudem den notwendigen Luftaustausch.

SO GEHT'S AUCH!

DIE LÖSUNG

Das Heiz-Monster ist jetzt (fast) unsichtbar – verschwunden hinter einer einfach herstellbaren Sichtblende aus einem Bambus-Rollo in einem MDF-Rahmen. Eine Variante, die auf nahezu alle individuellen Verhältnisse zugeschnitten werden kann. Natürlich könnte man den Rahmen noch in einer Farbe freier Wahl streichen oder lackieren. Doch gerade die Naturfarben der Bambus-Stäbe und des MDF korrespondieren sehr schön miteinander. Die hellen Brauntöne der Materialien gehören zu den warm wirkenden Farben und unterstreichen so die gewünschte Behaglichkeit in diesem Wohnraum.

Angebracht wurde die Sichtblende an links und rechts des Regalbrettes mit Winkeleisen an der Wand hochkant befestigten MDF-Platten. (Achten Sie darauf, nicht in die im Mauerwerk verlaufenden Heizungsrohre zu bohren!) Die Konstruktion schließt unten bündig mit dem Boden und oben bündig mit dem Regalbrett ab. So entsteht der Eindruck einer etwas vorstehenden, geschlossenen Wandfläche. Und bei all dem gewährleistet die Durchlässigkeit des Bambus-Rollos immer noch, dass die Heizungsluft in ausreichendem Maße den Raum erwärmen kann.

MODERNE KONTRA BAROCK AUS GELSENKIRCHEN

Gelsenkirchener Barock! Dass es so was noch gibt! Ein Monster von Schrankwand – groß, dunkel, raumgreifend und von erschlagender Präsenz.

Die (gute) alte Stube

Bei aller inneren Distanz zu diesem etwas altmodischen Stil: Um die neue Einrichtung dieses Wohnraums stilistisch nicht völlig jenseits der Geschmacksvorlieben der Bewohner anzusiedeln, berücksichtigt das *Einsatz in 4 Wänden*-Team natürlich, welche Wünsche sich hinter diesem traditionellen Einrichtungsstil verbergen. Denn die sollten auch in der moderneren Version Anklang finden.

Das dunkle Holz und das traditionelle Design einer solchen Schrankwand signalisieren vor allem eine unübersehbare Vorliebe für einen konservativen Einrichtungsstil, eine Sehnsucht nach Gemütlichkeit und Geborgenheit. Man kann bei der innenarchitektonischen Neugestaltung eines solchen Wohnraums also stilistisch nicht mit allzu modernen, strengen Formen arbeiten. Und auch bei der Auswahl der Farben sollte man eher auf warme, erdige Töne zurückgreifen, weniger auf zu kühle, helle Farben oder gar auf ein in diesem Fall sicherlich als klinisch empfundenes Weiß.

Als Ersatz für die Schrankwand hat sich das *Einsatz in 4 Wänden*-Team deshalb eine besondere Lösung einfallen lassen: Die raumgreifende konservative Schrankwand wurde durch eine Platz sparende, klassisch moderne, einfache Regalversion ersetzt. Um aber die Vorliebe der Bewohner für einen eher konservativen Stil zu berücksichtigen, wird das nüchtern wirkende neue Regal mit Schiebetüren versehen, die mit einem besonderen Ausstattungsdetail alle Wünsche miteinander vereinen.

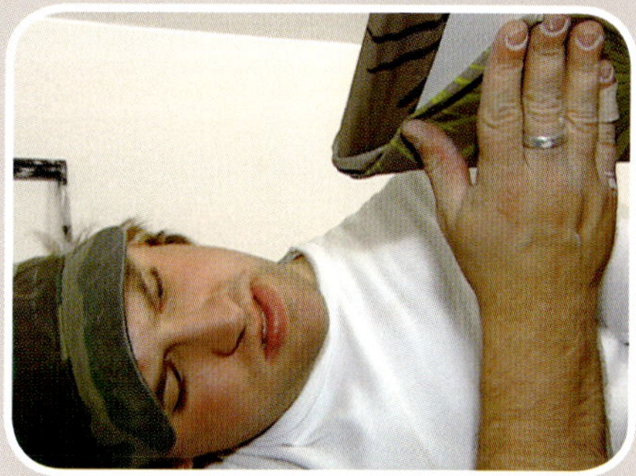

Regalsystem hinter Schienen

Als Ersatz für die Schrankwand wird zunächst einmal ein einfaches Regalsystem aufgebaut. Der Zusammenbau der einzelnen Elemente ist keine große Kunst. Es handelt sich, wie unschwer zu erkennen ist, um einen Klassiker des modernen Möbeldesigns eines großen schwedischen Möbelhauses.

Vor dem Regal wird in nicht zu großem Abstand an der Decke eine Führungsschiene parallel zur Regalfront ausgerichtet. Um eine genaue Führung der geplanten Schiebetüren zu gewährleisten, sollten am Boden ebenfalls Schienen angebracht werden. Das Anbringen der Schienen ist denkbar einfach. Für einen geübten Heimwerker sollte es kein Problem darstellen, über die vorgebohrten Löcher der Schiene die Stellen zu markieren, an denen dann mit passenden Dübeln und Schrauben die Schiene befestigt wird.

Das in diesem Fall ästhetisch entscheidende Ausstattungsmerkmal der Schiebetüren besteht in dem Aufspannen eines gemusterten Stoffs. Um den Stoff auf den Türen handwerklich sauber zu befestigen,

Tines Tipp!

Leidenschaften in Szene setzen

Wer eine Leidenschaft hat, hat es gut – und darf diese in seiner Wohnung auch gern zum Ausdruck bringen. Ob eine Sportart, ein Lieblingsland oder Lieblingstier, meistens bedarf es nur wenig Anstrengung, um ganz klar zu sagen: Das bin ich – das finde ich gut! Meine Leidenschaft ist die Musik; noch immer lege ich ab und zu auf Partys oder in meiner Bar »parallelwelt« in Hamburg-Altona Platten auf. Eine Menge CDs und vor allem die altmodischen Langspielplatten wollen also untergebracht werden, dazu Mischpult, Plattenspieler, Kopfhörer und CD-Player. Beim Kauf für einen Langspielplattenschrank heißt es allerdings Augen auf: Viele der heute angebotenen Regalsysteme haben für Vinylplatten nicht mehr die nötige Tiefe. Es sieht unschön aus, wenn die Schallplatten nur zur Hälfte auf die Regale passen oder sich gar Schranktüren nicht mehr schließen lassen, wenn erst einmal Platten drin stehen! Deshalb unbedingt auf die richtigen Maße achten: Für Langspielplatten ist eine Mindesttiefe von 31,5 Zentimeter notwendig. Das weiße Regal, das ich in einem anderen Bereich meines Ateliers schon als Raumtrenner genutzt habe, hat genau die richtigen Maße und taucht deshalb an dieser Stelle wieder auf. Als Unterkonstruktion für die Technik habe ich erneut zu den Spinden gegriffen, die schon für meine Hausbar herhalten – diesmal sind sie allerdings silber statt schwarz. So setzt sich das Zusammenspiel der Einrichtung fort, ohne langweilig zu werden.

sollte man die folgenden Tipps beherzigen: Um zu verhindern, dass der Stoff an den Kanten der Türblätter einreißt und um zu gewährleisten, dass sich der Stoff ohne Falten spannt, sollte zunächst ein auf die Türblätter zugeschnittenes weiches Vlies aufgebracht werden. Auf das auf der Rückseite der Türblätter festgetackerte Vlies wird im nächsten Schritt der Stoff gespannt. Wie bei einem Geschenkpapier wird der Stoff auf der Rückseite, wie zuvor das Vlies, gefaltet und fest getackert. Man sollte darauf achten, dass nicht zu viel Stoff übersteht, der später beim Verschieben der Türen gegebenenfalls am Regal schleift oder sich an Gegenständen des Regals verhakt. Abschließend werden die Führungselemente an der Ober- und Unterseite der Türblätter angebracht. Nun müssen die Schiebetüren nur noch in die Schienen eingehängt werden. Fertig!

SO GEHT'S AUCH!

DIE LÖSUNG

Um wie vieles leichter und moderner

diese Stauraum-Version doch daherkommt! Kein Vergleich mit der erdrückenden Schwere der vormals den ganzen Wohnraum dominierenden Schrankwand. Und dennoch ist kein Stauraum verloren gegangen. Die Schiebetüren können komplett geschlossen oder aber auch so gestellt werden, dass ein kleiner Bereich des Regals offen und einsehbar ist. Hier kann man dann all die Dinge platzieren, die man gerne zur Schau stellen möchte, wie z.B. Bilderrahmen, Kerzenständer oder andere lieb gewonnene Dekorationselemente.

Bei der Stoffauswahl wurde ein nicht allzu peppiges, eher etwas verhaltenes Muster gewählt, das aber dennoch frisch und leicht wirkt. Trotz des Musters wirken die Schiebetüren im Gesamteindruck aber nicht unruhig. Die Farben der Türbezüge sind an denen der Gesamteinrichtung orientiert, die in erdigen Braun- und Grüntönen angesiedelt sind. So ergibt sich ein harmonisches Gesamtbild.

Probieren geht über Studieren

Farben und Muster können je nach Lichtintensität und Nachbarschaft ihren Charakter komplett ändern. Was im Laden noch in frischen Farben leuchtet, kann zu Hause fad und langweilig aussehen. Lassen Sie sich also Stoffproben mitgeben, mit denen Sie ausprobieren können, wie sie vor Ort wirken. Und nehmen Sie ruhig auch Stoffmuster aus einem ganz anderen Farbspektrum mit, als Sie es sich ursprünglich vorgestellt haben. Manchmal ist man überrascht, wie gut sich Farben oder auch Muster an Ort und Stelle machen, von denen man sich nicht hätte träumen lassen, dass sie zu Hause tatsächlich eine positive Wirkung entfalten.

AUFGERÄUMTE REGALIDEE

Es ist immer dasselbe: Irgendwie wird es immer dort ungemütlich, wo die Einrichtung insgesamt ein unruhiges Gesamtbild vermittelt, wo man den Eindruck hat, es sei unaufgeräumt, auch wenn das gar nicht der Fall ist. Aber wenn überall etwas an der Wand hängt oder etwas auf dem Boden oder in offenen Regalen steht, dann geht die Wohnlichkeit zum Teufel – wie hier. Denn zu viel ist einfach zu viel.

Ein gern gemachter Fehler

in Wohnräumen ist in diesem Zusammenhang der Einsatz von offenen Regalen, in die man dann neben Büchern auch all die Dinge stellt, die einem mit der Zeit ans Herz gewachsen sind: Bilderrahmen, Kerzenständer, Schmuckkästchen und wer weiß, was noch alles.

Das Ganze wirkt umso unruhiger, wenn das Regalsystem eher filigraner Natur ist, als Möbel keine klaren ordnenden Linien vorgibt, sondern selbst mit ein wenig verspieltem Design »angeben« will. Möchte man die Unruhe im Regalbereich beseitigen, sollte man zunächst ein Regalsystem mit einem optisch klar nachvollziehbaren Ordnungsprinzip wählen. Und wem selbst das dann noch zu unruhig oder unaufgeräumt erscheint, der hat die Möglichkeit, ein solches Regal hinter einer mobilen Sichtblende zu verstecken – ganz ähnlich wie einen zu dominanten Heizkörper (siehe Seite 89). Doch als Erstes heißt es: das alte Regal ausräumen und abbauen!

SO GEHT'S AUCH!

DIE LÖSUNG

Weniger ist mehr

Das war hier die Devise. An der Wand hängt nun nur noch das Bild, das auch schon vorher hier hing, jetzt aber sehr viel besser zur Geltung kommt. Was zuvor alles auf dem Boden lag und stand, hat seinen Weg in neu geschaffene Stauräume gefunden, die Möblierung ist farblich und stilistisch auf ein sommerlich anmutendes Ambiente abgestimmt. So ziehen optisch mehr Ruhe und damit auch mehr Gemütlichkeit in diesen Wohnbereich ein.

Das neue Regal zeichnet sich durch eine klare, rechteckige Form aus, in kleinen quadratischen oder rechteckigen Regalöffnungen können Bücher, CDs und sogar Kerzenständer untergebracht werden. Die über ein einfaches Schienensystem geführte Sichtblende kann bei Bedarf vor das Regal geschoben werden und wirkt dann wie eine in hellen und warmen Farben gehaltene, wegen des Bambus-Materials leicht transparente Wandfläche. Will man etwas aus dem Regal nehmen, lässt sich die Sichtblende mühelos zur Seite schieben.

Tines Tipp!

Die Kiste in der Kiste

Fernseher gehören dazu – für die meisten Menschen und für mich erst recht. Fernseher können aber auch ganz schön hässlich sein: Ihre Seiten- und Rückansichten sind meistens alles andere als attraktiv. Meiner verschwindet deshalb in einem eigens für ihn gebauten Gehäuse, das an der Wand hängt. Ein zusätzliches Fach bietet Platz für Videokassetten und DVDs. Wichtig bei solchen Konstruktionen ist die sorgfältige Verkabelung: Mit Hilfe von Kabelkanälen sieht alles geordnet und durchdacht aus. Nichts ist nerviger als Kabelsalat!

Variable Regalsichtblende

Wen das Regal stört, der versteckt es halt. Eine Sichtblende mit Schienenführung erlaubt jederzeit den Zugriff ins Regal: Man muss die Sichtblende nur zur Seite schieben. Um eine mobile Sichtblende für ein Regal über die gesamte Zimmerhöhe herzustellen, benötigt man zwei in MDF-Rahmen eingespannte Bambus-Rollos (Herstellung siehe Seite 89). Mit Klemmen fixiert man die beiden Rahmen, um sie fest miteinander zu verschrauben. Während die Klemmen vorne die Rahmen zusammenhalten, werden die Rahmen hinten mit Hilfe von Verbindungsblechen fest miteinander verschraubt. So erhält die aus zwei Teilen bestehende Sichtblende die nötige Stabilität, um später problemlos in Schienen geführt werden zu können. Die beiden miteinander verschraubten MDF-Rahmen sind oben wie unten mit einem Rollensystem ausgestattet, das in Führungsschienen an Decke und Boden eingehängt wird. Eine nicht ganz einfache Aufgabe, für zwei nicht allzu ungeschickte Heimwerker aber kein Problem.

MEDITERRANES FLAIR

Eine sparsame Möblierung wie in diesem Wohnraum werden viele Menschen als Platz vergeudend und ungemütlich leer empfinden. Gut – so, wie es sich hier darstellt, ist die Umsetzung eines eher puritanischen Einrichtungsstils nicht sonderlich gelungen.

Wenig einladend!

Umzugskisten als Stauraum und die wenigen, recht willkürlich angeordneten Möbel machen in der Tat keinen besonders einladenden und wohnlichen Eindruck. Zudem ist kaum Platz für etwaige Gäste vorhanden. Aber grundsätzlich ist gegen eine sparsame Möblierung nichts einzuwenden. Man gewinnt Raum: Raum zum Atmen, Raum zum Gehen, Raum zur Konzentration. Sparsam möblierte Räume wirken im Gegensatz zu voll gestellten Räumen deshalb auch großzügig und mondän. Doch man muss eine so reduzierte Raumgestaltung nicht nur mögen, man muss auch verstehen, sie richtig in Szene zu setzen.

Auf den ersten Blick fällt auf: Die Bewohnerin dieses Wohnraums hat eine Vorliebe für natürliche Materialien. Der Sekretär und der Stuhl sind aus Holz gearbeitet und zeichnen sich durch ein einfaches Design aus. Auch die Lese- und Relaxliege wirkt mit ihrem Korbgeflecht eher rustikal. Alles in allem atmet die Möblierung den reduzierten, aber sehr angenehmen Chic einer spanischen Finca. Und damit wären wir dann auch schon beim Thema der geplanten Neugestaltung: Die Möblierung soll vor allem durch den gezielten Einsatz von mediterranen Farben neu und besser in Szene gesetzt werden – »mediterrane Urlaubsstimmung« wird das Farbmotto in diesem Wohnraum.

Spaniens Farben – Gelb und Rot

Es gibt viele Länder rund ums Mittelmeer. Doch wohl kaum ein Land wird als Urlaubsziel so geschätzt wie Spanien und seine balearischen Inseln. Und die Farben Spaniens sind Rot und Gelb – hier kommen sie zum Einsatz.

Das Gelb – in der spanischen Flagge steht es ursprünglich für Katalonien und Aragon – gibt dem Raum einen heiteren, mediterran-fröhlichen Akzent und erinnert an das gleißende Licht Spaniens im Sommer.

Das Rot steht eigentlich für das alte Königreich Léon. Atmosphärisch kann man darin aber auch die Farbe der untergehenden Sonne an Spaniens Küsten sehen.

SO GEHT'S AUCH!

DIE LÖSUNG

Die rot-gelbe Flagge Spaniens spiegelt sich in dieser fröhlich-mediterranen Farb- und Gesamtgestaltung des Raumes wider. Vorherrschend sind helle, freundliche Wandfarben. Die eine der beiden Längswände ist in einem strahlenden Weiß gestrichen – auch eine typische Farbe des Südens. An der anderen gibt ein heiteres Sonnengelb in verschiedenen Schattierungen den Grundton an. Das lebendige Erdrot in der dem Fenster abgewandten Zimmerecke, in der sich nun der Sekretär befindet, sowie der rote Farbstreifen an der gelb gestrichenen Längswand setzen einen wunderschönen Kontrast. Rot findet sich auch in dem runden Teppich wieder, der mit seinem auffälligen Farbton auf dem Boden die neue Sitz- und Relax-Gruppe optisch zusammenhält. Das folkloristisch angehauchte Muster des Teppichs unterstreicht den farbenfrohen Gesamteindruck. Die Sitzgruppe besteht nunmehr aus der alten Liege und einem neuen, schlichten Sofa, das sich ästhetisch mit seinen zurückhaltenden Farben

in Sandtönen wunderbar in die bereits vorhandene Möblierung einfügt.

Das Sideboard und das Regalsystem machen Schluss mit Kisten und Kästen, die zuvor auf dem Boden standen und einen sehr unordentlichen Eindruck erweckten. Der rote Streifen an der Wand zwischen Sideboard und Regal unterstreicht das lang gestreckte, sachlich elegante Design des Regals und des Sideboards und strukturiert somit zusätzlich die Wand, hält das Regal oben und das Sideboard unten optisch zusammen.

Die Zimmerecke, in der sich nun der Sekretär befindet, ist in Rot gehalten, um einerseits die gegenüber der Freizeit- und Sitzecke andersartige Funktion dieses Wohnbereichs farblich zu kennzeichnen. Darüber hinaus gibt das Rot der Zimmerecke eine gewisse Tiefe, die wiederum Ruhe und Konzentration ermöglicht.

Mit Kontrasten spielen

Gegensätze ziehen sich an, sagt man ja gerne. Und auch bei der Einrichtung und Ausstattung von Wohnungen ist es lohnenswert, mit Gegensätzen, mit formalen und farblichen Kontrasten, zu spielen. Es gibt kaum eine bessere Methode, wirkungsvoll Akzente zu setzen. So kann das formal verspielt wirkende Dekor eines Kerzenständers gerade auf einem Sideboard wie diesem ausgesprochen belebend wirken. Das Gleiche gilt für den Gegensatz zwischen der geometrischen Strenge des Regals und des Sideboards und dem dagegen anarchisch anmutenden Wuchs einer Rose. Das Verspielte und das Strenge verstärken sich in dieser Konfrontation gegenseitig.

Das Gleiche gilt für Farbkontraste: Auf die rote Wand Bilder in dunklen Rahmen zu hängen wäre unter Umständen langweilig geworden. Schwarzweiß-Fotos in einem hellen Holzrahmen hingegen kommen auf dem leuchtenden Rot um ein Vielfaches imposanter zur Geltung und sind ein absoluter Eyecatcher. Um einer lebhaften Spannung willen sollte man also nicht davor scheuen, Gegensätze zu suchen und sie zu inszenieren.

Eine typische 80er Jahre-Sünde

Grundsätzlich kann man über das ästhetische Für und Wider von Schrankwänden gewiss streiten. Es gibt sicherlich elegantere Lösungen. Doch einen großen Vorteil haben Schrankwände nun einmal: Sie bieten extrem viel Stauraum. Und wenn die Zimmeraufteilung und die gesamte übrige Einrichtung es nicht anders zulassen, kann eine solche Schrankwand im Wohnbereich durchaus sinnvoll sein. Nur: Man sollte sie optisch so klein und ästhetisch so freundlich wie möglich erscheinen lassen. Dieses dunkel-düstere Design-Schmuckstück aus den 80ern ist allerdings das genaue Gegenteil.

Ganz ähnlich verhält es sich mit der schwarzen Ledergarnitur. Die beiden Möbelstücke kommen sehr »mondän« daher, sind entsprechend raumgreifend und stellen den Wohnraum beinahe zu. Zudem schluckt die dunkle Farbe einen Großteil des durch die breite Fensterfront eigentlich reichlich eindringenden Tageslichts. Also, bringen wir Licht ins Dunkel.

DUNKELKAMMER GEGEN HELLE LEICHTIGKEIT

Eine gigantische Schrankwand auf der einen Seite, eine ausladende, düstere und vor allem raumgreifende schwarze Ledersitzgruppe auf der anderen. Dazwischen eine breite Fensterfront mit einem Zutritt auf den Balkon. Und als schmückendes Rahmenwerk: der reinste Horror von Raffgardinchen. Dazu gibt es nur eins zu sagen: gruselig! Das komplette Wohnzimmer!

SO GEHT'S AUCH!

DIE LÖSUNG

Fröhlich, unbeschwert und leicht

Die neue Einrichtung macht Schluss mit der düsteren Schwere von schwarzer Schrankwand und Sitzgarnitur. Es beginnt mit den hellen Wandfarben: Um der Wohnlichkeit willen wurde ein in Sandfarben bzw. in ganz leichtem Grün abgetöntes Weiß eingesetzt. So nehmen die Wandfarben auch die farblichen Grundtöne der gesamten Einrichtung auf: Der hellen Gardinen (die jetzt ohne jede biedere Raff-Vorrichtung betont einfach rechts und links vom Fenster herabhängen), des hellen Bezugsstoffs des Sofas, der hellen Farbe des Teppichs und des Tisches sowie des hellen Brauntons des Bodens. So entsteht eine freundliche und sonnige Atmosphäre, die durch die farbigen Akzente der Kissenbezüge auf Stühlen und Sofa noch aufgelockert wird.

Auch die neue Schrankwand ist in freundlichen hellen Grundtönen gehalten. Das helle Holz und das Weiß der Frontflächen passen sich harmonisch in die Gesamtkonzeption der neuen Möblierung ein. Obwohl kein Stauraum verloren ging und die Schrankwand nach wie vor ein recht großes Möbelstück ist, wirkt sie bei weitem nicht so mächtig und dominant wie das schwarze Monstrum zuvor.

Lichterglanz

Wer auf Wohnlichkeit setzt, sollte bei der Auswahl der Lichtquellen darauf achten, dass vornehmlich Glühlampen zum Einsatz kommen. Sie decken das volle Farbspektrum ab, und ihr Licht ist dem ersten künstlichen Licht des Menschen, dem Feuer, noch am nächsten. Glühlampen geben – vor allem, wenn man sie über einen Dimmer in ihrer Helligkeit herunterfahren kann – ein besonders warmes Licht ab, das man allgemein mit Wohnlichkeit und Gemütlichkeit assoziiert. Abends lässt sich diese Stimmung durch den gezielten Einsatz von Kerzen noch verstärken.

Besonders effektvoll können auch Lampenschirme sein, die das Licht entsprechend weich streuen. Und je mehr Lichtquellen man in einem Raum installiert – in unterschiedlichen Größen und Raumhöhen –, desto mehr Akzente kann man setzen.

GENIALES GEGEN PLATZNOT

Schmal und klein ist dieser Wohnraum. Also schon vom Grundriss her ein Problemraum. Was will man da machen? Einfache Antwort: vieles anders und vieles besser als hier zu sehen.

Eine Wüste funktionsloser Trostlosigkeit

Die junge Bewohnerin dieses Wohnraums hatte irgendwann kapituliert. Nicht einmal eine Lichtquelle ist vorhanden. Wer hält es lange in einem solchen Raum aus? Die Bewohnerin jedenfalls war es leid und alarmierte das *Einsatz in 4 Wänden*-Team. Und das erkannte sofort, was das Kernproblem darstellt.

Ein Wohnraum braucht zunächst einmal eine gemütliche Sitzgelegenheit, auf der man sich rumlümmeln kann, wenn man abends lesen oder fernsehen will. In der man aber auch mit Freunden zusammenhocken und bei einem Glas Wein klönen kann. Doch wie soll das gehen mit der einsam an der Stirnwand gegenüber dem Fenster stehenden kleinen Couch?

Das zweite Problem ist Stauraum. Restlos überfüllte, offene Regale stehen an der einen Wand, gegenüber eine ebenso überforderte Kommode. Hier war also nicht nur das große Möbelrücken gefragt. Wegen der räumlichen Enge musste mit einer multifunktionalen Einrichtungsidee operiert werden. Und die ist so einfach wie genial.

SO GEHT'S AUCH!

DIE LÖSUNG

Den Raum intelligent nutzen, darum ging es in diesem Fall. Die neue Couch steht nunmehr an der Längswand zum Fenster hin und kann in dieser Position seitlich noch ergänzt werden durch einen jugendlich modern und leicht wirkenden Korbsessel. Beide zusammen stellen in dieser Kombination bereits eine kleine, geschlossene Sitzgruppe dar und rufen somit atmosphärisch bereits ein gewisses Maß an Gemütlichkeit hervor.

Das Farbband in einem warmen Orange an der Wand verleiht dem Raum eine einladende Stimmung, streckt ihn optisch aber auch noch ein wenig, was ihn großzügiger erscheinen lässt, als er in Wirklichkeit ist.

Stauraum bieten die aufgemöbelte alte Kommode und das längs über dem Farbband an der Wand entlang laufende Regal, auf dem einerseits Bücher und einige wohnliche Accessoires dekorativ zur Schau gestellt werden, das andererseits aber auch die optisch streckende und vergrößernde Wirkung des Farbbands in seiner Wirkung unterstreicht. Die Kommode links an

der Wand mit dem hellen, aber warm strahlenden Licht ist jetzt ein echter Hingucker. Dass auf der Oberfläche der Kommode nichts mehr stehen und liegen muss, was nicht dem Eindruck von Wohnlichkeit dient, liegt an den gegenüber der Couch aufgestellten Regalsystemen, die jede Menge Stauraum und zugleich noch einen entscheidenden weiteren Nutzen bieten.

Ein »Sitzregal«

Wo wenig Raum zur Verfügung steht, sind multifunktional verwendbare Möbel das Maß der Dinge. In diesem Fall bot sich ein als Sitzmöbel verwendbares Regal an. Das gegenüber der Couch aufgestellte Regal besteht aus einem einfachen rechteckigen Kastensystem, das man sowohl an der Wand aufhängen als auch auf den Boden stellen kann. Unter dem unteren Regalmodul, das auf dem Boden steht, wurden vier Rollen angeschraubt, die es erlauben, das Regal von der Wand wegzuziehen. Komplett hervorgezogen bietet das untere Regalmodul auf seiner Oberfläche für vier Personen noch einmal einen Sitzplatz. So kann man in gemütlicher Runde auch in diesem kleinen Wohnraum zusammensitzen.

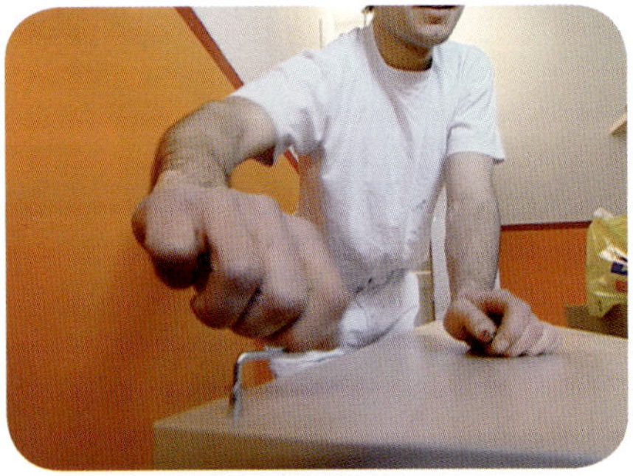

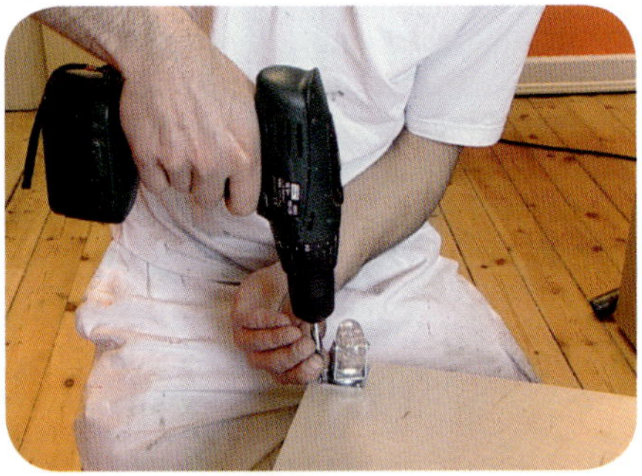

5

EIN HIMMELREICH FÜR DIE LIEBEN KLEINEN

DAS KINDER- UND JUGENDZIMMER

Ob man nun der kleinen Prinzessin einen bonbonfarbenen Kindertraum in Rosa beschert, dem kleinen Fußballspieler sein Bett ins Tor stellt oder dem jungen Teenager eine Leuchtwand mit dem Konterfei des angehimmelten Superstars montiert: In Kinder- und Jugendzimmern kann man mit einer Menge verrückter Gestaltungs- und Einrichtungsideen der Kreativität freien Lauf lassen. Natürlich unterliegen auch das Einrichten und Gestalten von Kinder- und Jugendzimmern hinsichtlich Funktionalität und Ästhetik denselben Regeln wie die Gestaltung aller übrigen Zimmer. Doch die jungen Bewohner sind noch empfänglich für das Experimentelle, für das Ausgefallene, Verspielte, sie lieben noch schrille oder einfach kindlich naive Ideen.

Hier kann, nein, hier sollte man mit Farb- und Formenspielereien die Fantasie der Kleinsten anregen. Mit durchdachten Einrichtungskonzepten kann man eine Menge kindgerechter Lösungen für Spiel- und Freizeitbereiche umsetzen. Und natürlich geht es auch hier darum, möglichst viel Platz zu schaffen – für die Kleinen ebenso wie für die gar nicht mehr so Kleinen.

ES LEBE HOCH: DAS BETT!

Kinderzimmer sind kleine Zimmer. In der Regel jedenfalls. Aber gemeinhin bieten sie für einen gewissen Zeitraum – solange die Kleinen noch wirklich klein sind – ausreichend Platz.

Aus klein wird groß

Unaufhaltsam werden die lieben Kleinen immer größer. Und dann sind die kleinen Zimmer zu klein für die gar nicht mehr so Kleinen. Folglich heißt es: Platz schaffen für die größer gewordenen Kleinen und all ihre Klamotten.

Für Kinderzimmer werden im Handel gern solche Schrank-Schreibtisch-Bett-Kombinationen aus Naturholz angeboten. Sie vereinen drei Funktionen in einem Möbelteil, und es gibt in der Tat schlechtere Möglichkeiten, in einem Kinderzimmer diese drei wichtigen Funktionsbereiche unterzubringen. Einziger Nachteil: Das Bett nimmt verhältnismäßig viel Fläche in Anspruch. Ist das Zimmer groß genug, stellt eine solche Kombi kein Problem dar. Ist es jedoch relativ klein, und beginnt das Zimmer langsam zuzuwachsen, weil der Bewohner oder die Bewohnerin mit zunehmendem Alter auch einen zunehmenden Platzbedarf hat für all die Utensilien der kleinen und großen Hobbys, für Hamster und Hasen, für Carrera-Bahn und Puppenhaus, dann sollte man die Fläche des Bettes anderweitig nutzen können. Und das heißt: hoch mit dem Bett!

SO GEHT'S AUCH!

DIE LÖSUNG

Das Hochbett bleibt das Nonplusultra

Das Einziehen einer künstlichen Zwischenetage zur Erlangung von mehr Wohnfläche zählt wohl zu den einfachsten, aber genialsten Einfällen für beengten Raum. Die komplette Fläche des Bettes kann nun zweimal genutzt werden: Auf der »oberen Etage« zum Schlafen und auf der »unteren Etage« als Stauraum bzw. für einen Schreibtisch, der dann auch etwas größer ausfallen kann, was ab einem bestimmten (Schul-) Alter ja sowieso von Vorteil ist.

Natürlich sollte man bei fertigen Hochbettsystemen wie diesem auf geprüfte Sicherheit achten. Die Konstruktion in sich sollte selbstverständlich stabil genug sein. Vor allem die Absturzsicherung sollte hoch genug

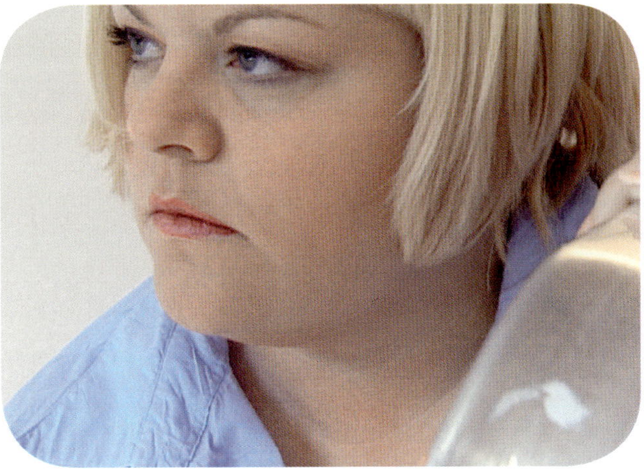

Ein mit Querstützen unterteiltes Regal übernimmt die Funktion einer Ablagefläche am Hochbett. Hier kann der junge Mann seine Nachtlektüre abstellen. Eine einfache Leselampe, die an das Regal geklemmt wird, sorgt für ausreichendes Leselicht.

Sicherheit geht vor

Ein Kinderzimmer ist immer auch ein bisschen Abenteuerspielplatz. Wo aber getobt und gespielt wird, kann auch einiges passieren. Nummer eins aller Unfallorte im häuslichen Bereich ist das Kinderzimmer. Und Stürze von Hochbetten sind auf der Liste der Unfallursachen ganz oben angesiedelt. Leitern stellen dabei eine besondere Gefahrenquelle dar. Ob Holz oder Metall: Achten Sie darauf, dass die einzelnen Sprossen Trittsicherheit gewährleisten. In diesem Fall wird die Trittsicherheit durch das Aufkleben einfacher Stopperleisten sichergestellt.

und ausreichend druckresistent sein. Und noch ein wertvoller Tipp: Achten Sie darauf, dass der Einstieg ins Bett auf der richtigen Seite montiert ist. Bei den meisten Hochbetten kann er sowohl links als auch rechts angebracht werden.

Neben den Sicherheitsaspekten sollte man aber natürlich auch auf die Optik achten. In diesem Fall haben etwas erwachsener wirkende Materialien und Farben den Vorzug erhalten. Das Metallgestell des Hochbettes und die eher kühlen Farben in hellen Blau- und Grüntönen entsprachen in diesem Fall den Wünschen des Bewohners dieses Zimmers: eines jungen Mannes im zarten Alter von zehn Jahren. In jedem Fall sollten Farben und Materialien aufeinander abgestimmt sein, um ein einheitliches und harmonisches Gesamtbild zu erzeugen.

Platz satt? Fehlanzeige

Die Idee, das kleine Zimmer mit einem Etagenbett auszustatten, weist bereits in die richtige Richtung. Aber eben noch nicht konsequent genug. Die Fläche des unteren Bettes ist im wahrsten Wortsinn noch »belegt«, könnte aber bei einer anderweitigen Nutzung den beiden Jungs mehr Raum für jeweils eigene Funktionsbereiche bieten. Auch die gegenüberliegende Wand, an der in Kommoden Kleidung und Spielzeug untergebracht sind, wäre dann besser nutzbar. Und dass man dieses Zimmer nicht nur funktionaler, sondern insgesamt auch schöner und fantasievoller einrichten kann, versteht sich von selbst.

ES LEBE ZWEIMAL HOCH: DAS BETT!

Ein Raum – zwei Kinder. Das gibt's häufiger, als man denkt. Und das ist nichts Ehrenrühriges. Gut, manchmal klemmt's halt ein bisschen, es kommt – wie bei den beiden Jungs im Grundschulalter, die sich dieses Zimmer teilen – zu Rangeleien und Streitereien um den gemeinsam bewohnten Raum. Aber da gibt es ja nun gottlob Mittel und Wege, mit Hilfe von intelligenter Einrichtung solche Streithähne ein wenig auseinander zu dividieren und ihnen ein wenig mehr individuelle Bereiche zuzugestehen.

SO GEHT'S AUCH!

DIE LÖSUNG

Zwei Betten in luftiger Höhe

Und unten, auf dem Boden der Tatsachen, ist jetzt Platz für all die Dinge, die sich die beiden Jungs bisher teilen mussten: Jetzt hat jeder unter seinem eigenen Bett seinen eigenen Schreibtisch und seinen eigenen Kleiderschrank. Die Wände im Bettenbereich sind in warmen Orange- und Gelbtönen gestrichen, was eine gemütliche und einladende Kuschelatmosphäre vermittelt. Die Leselampen am jeweiligen Kopfende der beiden Hochbetten lassen die Wandfarben angenehm leuchten.

Damit die beiden Jungs sich nicht allzu schnell in die Wolle geraten, sind die beiden Hochbetten, in denen man ja nicht nur schläft, sondern auch rumtobt, durch ein orange lackiertes Holzbrett voneinander getrennt. In die Trennwand sind zwei Löcher gesägt, die jeweils dem Umfang eines Fußballs entsprechen. Nimmt man die Bälle heraus, hat man zwei Sichtfenster ins Bett nebenan. Will man seine Ruhe, steckt man einfach die Bälle wieder in die Löcher.

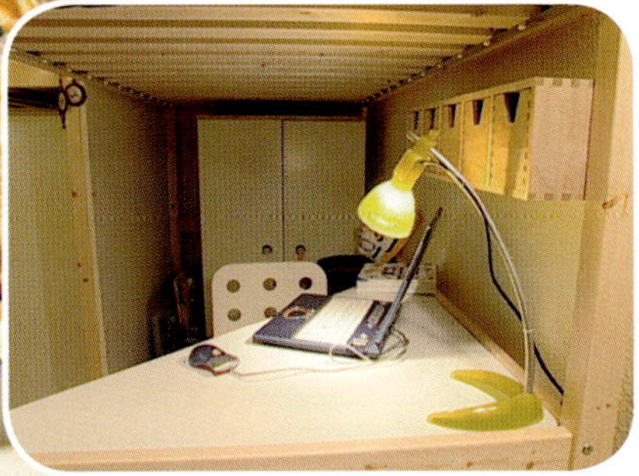

Auch an der gegenüberliegenden Wand ist nun optisch und funktional eine Trennung vorgenommen worden. Da die beiden Jungs ziemlich fußballverrückt sind, bot es sich hier an, das Thema Fußball bei der Wandgestaltung ebenso wie bei der Auswahl der Regale aufzugreifen. So ist das Kastenregalsystem wie eine Tribüne nach rechts und links aufsteigend aufgebaut. Jetzt hat jeder seine eigenen Unterbringungsmöglichkeiten. Und damit hat der Streit ein Ende! Hoffentlich ...

Apropos Fußball ...

Ob groß oder klein – die meisten Jungs interessieren sich nun mal vor allem für eins: Fußball. Und das kann man in vielen dekorativen Formen bei der Einrichtung eines Kinder- oder Jugendzimmers thematisch aufgreifen.

So kann man z.B. eine Wand grün streichen und mit weißen Linien ein Fußballfeld aufzeichnen. Für die weißen Linien klebt man einfach die mit einem Lineal, Wasserwaage und Zirkel markierten Linien beidseitig mit Kreppband ab. Hat man die abgeklebte Fläche weiß gestrichen, zieht man das Kreppband wieder ab (bevor die Farbe getrocknet ist!) – und fertig ist der Strafraum.

Auch den Boden kann man mit einem solchen Linienmotiv schmücken. Mit Klebefolien lassen sich die Feldlinien eines Fußballfeldes z.B. in Grün einfach auf einen hellen Laminatboden aufkleben.

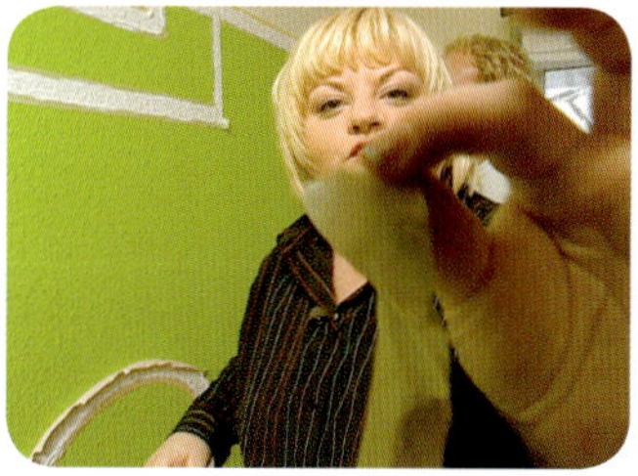

Und für völlig verrückte Fußballfans, egal welchen Alters, gibt es hier jetzt die ultimative Idee: Verwandelt euer Bett in ein Fußballtor! Dazu baut man aus weiß lackierten Holzbalken ein an der Wand fest verschraubtes Gestell und spannt oben, hinten und seitwärts ein weißes Netz – und fertig ist Onkel Kahns Hütte!

Tines Tipp!

Mode für die Fenster

Vorhänge sind immer noch die schönste und stilvollste Art, einen Raum wohnlich und blickdicht zu machen oder gegebenenfalls zu verdunkeln. Zwei Vorhangarten zu verwenden – eine leichtere und eine schwerere – sorgt für Variationsmöglichkeiten in Sachen Helligkeit und gleichzeitig für eine opulente Gemütlichkeit! Ich habe mich in den meisten meiner Räume für die gleiche Vorhangkombination entschieden: Der beigefarbene Stoff ist blickdicht; der leichtere, transparente Vorhang davor bricht mit Farbe und Muster die Gleichförmigkeit des dahinter liegenden Leinens. Je nach Lust und Laune mache ich beide Vorhänge auf oder beide Vorhänge zu oder nur den vorderen Vorhang auf oder nur den hinteren Vorhang zu oder – oder – oder ...: So gibt es für jede Tageszeit, für jede Lichtstimmung eine ganz eigene Variante, denn Flexibilität ist Trumpf!

Was nicht ist, soll noch werden

Das Klavier wird von der zehnjährigen Bewohnerin noch nicht wirklich genutzt. Aber was nicht ist, soll noch werden. Also bleibt es drin, das Klavier. Allzu viel Platz nimmt das Musikinstrument sowieso nicht weg, denn das Zimmer ist gar nicht so klein. Zumal das Hochbett als Platz sparende Schlafvariante zusätzliche Stellfläche für eine Sitzgelegenheit ermöglicht. Und das Hochbett ist wirklich hoch, denn es handelt sich bei dem Haus, in dem sich das Kinderzimmer befindet, um einen Altbau mit entsprechender Deckenhöhe. Da bedarf es sogar einer entsprechend langen Leiter.

Die Raumhöhe ist aber genau der Vorteil, den man nicht nur für ein Hochbett nutzen sollte, sondern auch für die Installation von neuem Stauraum, in diesem Fall von Regalsystemen, die ausreichend Platz bieten und ein wenig mehr Ordnung ins jugendliche Chaos bringen. Und dass der antike dunkle Kleiderschrank – bei aller Wertschätzung – nicht unbedingt zum Alter der jungen Bewohnerin passt, sollte auf den ersten Blick eigentlich auch einleuchtend sein. Also wird er denen zurückgegeben, zu denen er weitaus besser passt: den Eltern.

EINE BÜCHERWAND GEHT AN DIE DECKE

Kinder, die lesen – es gibt sie tatsächlich noch! In diesem Zimmer stoßen wir aber in restlos überlasteten Regalen nicht nur auf jede Menge Bücher, Spiele, Malutensilien und weiß der Himmel, was noch alles. In diesem Zimmer steht sogar ein Klavier!

SO GEHT'S AUCH!

DIE LÖSUNG

Die Deckenhöhe zu nutzen, das ist in Räumen von Altbauten nahezu ein Einrichtungsgebot. In diesem Fall wurde nicht nur für die bereits existierende Bettenkonstruktion die Höhe des Zimmers genutzt. Das *Einsatz in 4 Wänden*-Team löste auch das offenkundige Stauraumproblem, indem für das neue Regalsystem der Kinderbibliothek ebenfalls die Höhe des Raumes genutzt wurde. So kann hier in einer einzigen Regalwand nahezu alles untergebracht werden, was eine belesene kreative Zehnjährige so benötigt.

Für diese Kinderbibliothek wurde ein quadratisches Kastenregalsystem, das aus einheitlichen Modulen besteht und das in den verschiedensten Möbelhäusern angeboten wird, ausgewählt. Der Vorteil solcher Systeme liegt auf der Hand. Man kann die einzelnen Module je nach Platzbedarf und Platzangebot in der Höhe wie

in der Breite miteinander verbinden. Die quadratischen Unterteilungen innerhalb der Module bieten eine ordentliche Unterbringung von Büchern und Spielen etc. und vermitteln allein über ihre geometrische Struktur bereits ein Gefühl von Ordnung.

Ein Modul fand auf dem Boden Platz, zwei wurden darüber an die Wand gehängt. Um auch an die höher gelegenen Regalteile zu gelangen, wurde eine Gleitschiene angebracht, in die die Leiter des Hochbetts eingehängt werden kann. So vermag man über die gesamte Breite alle Bereiche des Regals bequem zu erreichen. Das Klavier steht an seinem alten Platz, ist jetzt aber in das neue Regalsystem integriert. Das Klavier und der lebendige Farbkontrast, der sich aus dem Weiß des Regalsystems und der roten Wand ergibt, setzen gegen die strenge geometrische Struktur des Regals einen wohnlichen Akzent.

Ein mobiler Kleiderschrank

Wo vorher der klobige antike Kleiderschrank und das größte der überfüllten Holzregale stand, haben nun

helle und freundlich-jugendlich wirkende Aufbewahrungselemente Platz gefunden. Mit Rollen ausgestattet, lassen sie sich je nach Bedürfnis variabel nutzen.

Und was weder im Regal noch in den Aufbewahrungselementen untergebracht werden konnte, das lässt sich prima in einem Taschenbehang verstauen, der vom Fußende des Hochbettes herunterhängt.

Sicher an die Wand gehängt

So praktisch solche quadratischen Regalmodule auch sind, wenn man sie, wie in diesem Fall, nicht nur stellen, sondern auch an die Wand hängen möchte, um von der Deckenhöhe einer Altbauwohnung zu profitieren, dann sollte man aus Gründen der Sicherheit lieber Fachleute an die Montage lassen. Denn das Gewicht von Büchern und ihre Zugkraft sollte man keineswegs unterschätzen.

Es sind in jedem Fall mehrere Halterungen ratsam, die im hinteren Bereich des Regals befestigt werden und mit denen man das Regal dann in der Wand verschraubt. Je nach Wandbeschaffenheit sind sowohl Spezialdübel als auch eine bestimmte Mindestlänge der verwendeten Schrauben erforderlich.

Und für das Hochstemmen eines solchen Moduls empfiehlt es sich, auf die Hilfe von mindestens zwei kräftigen Männern zu bauen.

EINE LEUCHT-WAND IM RETRO-RAUM

Was man hier sieht, ist das elterliche Schlafgemach in einem Souterrain-Zimmer. Und es ist ein sehr, sehr dunkles Zimmer.

Ein klassischer Fall von Zimmertausch

Der Mangel an Helligkeit erklärt sich nicht allein daraus, dass nur etwas spärliches Tageslicht über ein relativ kleines und im oberen Drittel an einer der schmaleren Wände befindliches Fenster einfällt. Es sind vor allem die schwarzen Möbel, also der gigantische schwarze Kleiderschrank und das schwarze Bettgestell mit der schwarz-grau gehaltenen Tagesdecke. Das alles wirkt irgendwie sehr duster. So sieht nicht unbedingt der Traum eines 13-jährigen Mädchens aus, das hier jedoch im Rahmen eines Zimmertausches einziehen sollte. Da hilft alles nichts, auch nicht der kleine traurige Stoffhund auf dem elterlichen Bett: Hier kann man nur eine Komplettrenovierung vornehmen – und dabei zwei Einrichtungsideen verwirklichen, auf die so ziemlich jede Jugendliche (und mit leichten Ausstattungsvarianten auch jeder Jugendliche) heute total abfahren dürfte.

SO GEHT'S AUCH!

DIE LÖSUNG

Eine coole Studio-Atmosphäre, wie man sie in den 60er bzw. 70er Jahren liebte, strahlt das völlig neu gestaltete Zimmer im Souterrain nach der Komplettsanierung durch das *Einsatz in 4 Wänden*-Team jetzt aus. Helligkeit ist zunächst einmal das Grundproblem in dem nur spärlich mit Naturlicht ausgestatteten Raum. Also ist Weiß die bestimmende Grundfarbe, die alles Licht entsprechend reflektiert und damit den Raum aufhellt. Die Studio-Atmosphäre wird durch die auffälligen Deckenstrahler unterstrichen. Der absolute Knaller ist allerdings die an der Stirnwand des Zimmers angebrachte Leuchtwand mit einem Schwarzweiß-Foto von Christina Aguilera, der Lieblingssängerin der jugendlichen Bewohnerin. Das indirekte Licht dieser Leuchtwand hellt den Raum an seiner dunkelsten Stelle mit einem kühlen Licht auf.

Tines Tipp!

Keine Angst vor Farbe

Farbe macht munter. Oder beruhigt, je nachdem. Damit sie auf Dauer aber nicht aggressiv macht oder langweilt, hilft nur eines: Gut dosieren, das Ganze! Statt ganzer Zimmer lieber nur eine Wand oder einzelne Farbfelder streichen und die Decke immer, aber auch wirklich IMMER, weiß lassen. Im Zusammenspiel von kräftigen Farben mit gräulichen oder sandigen Tönen entsteht fast ausnahmslos ein sehr edles, zurückgenommenes Ambiente. Keine Angst davor, mit mehreren Schattierungen einer Farbe zu arbeiten: Ich habe in meinem Atelier einen Wandabschnitt in gleich zwei unterschiedlichen Rottönen gestrichen. Wer den Unterschied erkennen will, muss ein bisschen genauer hingucken – und genau deshalb gucken die Gäste gern genauer hin!

An der Wand ist auf einem knallig roten und einem gewagt grünen rechteckigen Farbfeld jeweils ein kreisrunder Spiegel angebracht. Das alles sowie die abgerundeten Formen des knallroten und zu einem Notbett für Freunde ausziehbaren Sessels ebenso wie das Design der Stehlampe sprechen deutlich die Formen- und Farbensprache der 60er und 70er Jahre. Und die ist nicht etwa out. Oh nein, die ist bei unseren Kids wieder total in! Der Retro-Look der 60er und 70er ist hip ...

Eine Leuchtwand für Christina Aguilera und Co.

Der Aufwand ist beträchtlich, aber der Effekt ist wirklich vorzeigbar. So eine Leuchtwand mit einem von hinten beleuchteten überdimensionalen Schwarzweiß-Foto vom jeweils angehimmelten Pop-Star finden vor allem Jugendliche total irre. Und wenn ein Jugendzimmer sowieso komplett neu renoviert wird – warum sollte man seinem Kind nicht mal etwas wirklich Ausgefallenes bieten?!

Auf die in diesem Fall nackte, unverputzte Wand wird ein Holzrahmen aufgebracht. Der Holzrahmen trägt zum Schluss die gesamte Konstruktion, sollte deshalb also an der Wand wirklich fest verschraubt werden. Statt die Wand aufwändig neu zu verputzen, wird auf den Holzrahmen eine weiße Holzplatte geschraubt, in die mit Lochkreisbohrungen Löcher gebohrt wurden, um Zugang zu den notwendigen Stromanschlüssen zu erhalten. Auf diese weiße Holzplatte werden dann später die Neonröhren für das indirekte Licht montiert.

Gut ausgerüstete Copy-Shops bannen Fotovorlagen auch auf Stoffbahnen dieser Größenordnung. Die Stoffbahnen werden auf den Rahmen gespannt und festgetackert. (Tipp: Immer schräg tackern, sonst reißt der Stoff leicht ein!) Dann werden die in diesem Fall drei Rahmen nur noch an der weißen Holzwand befestigt. Die Beleuchtung hinter den bespannten Rahmen lässt die Stoffbahnen hell erstrahlen – und schon beginnt Christina Aguilera im Neonlicht zu tanzen.

Mehr Notbehelf als Jugendzimmer

Aber der alte Zustand war einfach kein Zustand mehr. Eine von Oma geerbte ausziehbare Couch mit einem unsäglichen Muster steht in der rechten Zimmerecke, ein Bett mit Bettkasten steht in der linken. Beide zusammen nehmen fast das gesamte Zimmer in Beschlag. Das alles sieht eher nach einem Notlager als nach einem alters- und funktionsgerechten Jugendzimmer für zwei halbwüchsige Jungs aus.

Hier gibt es also eindeutig Handlungsbedarf: Es gilt, zwei Schlafgelegenheiten herzustellen, die tagsüber auch als Sitzgelegenheit genutzt werden können, denn in diesem Alter hat man ja schon mal Freunde zu Hause. Die Raumaufteilung der Wohnung lässt es leider nicht zu, jedem der beiden ein eigenes Zimmer zuzuteilen. Also muss eine Lösung gefunden werden, die auch eine gewisse Trennung der Lebensbereiche der beiden jugendlichen Bewohner vornimmt. Denn selbst, wenn man sich in der Regel gut versteht, in diesem Alter gibt's hin und wieder ja doch mal Ärger mit dem lieben Bruder, und dann ist man doch ganz froh, sich zurückziehen zu können – wenn schon nicht in sein eigenes Zimmer, dann doch wenigstens sichtgeschützt in seinen eigenen Zimmerbereich.

ZWEI BETTEN FÜR DIE BRÜDER

Ein Zimmer, zwei Jugendliche im »zarten« Alter von 13 und 14 Jahren – kein unproblematisches Alter. Und vor allem: kein Alter, in dem man die beiden noch in einem Etagenbett unterbringen könnte.

SO GEHT'S AUCH!

DIE LÖSUNG

Ein Zimmer, zwei Betten, zwei Sitzgelegenheiten – und zwei Lebensbereiche, die durch eine Trennwand ein wenig voneinander abgegrenzt sind, jedenfalls optisch. Beide Schlafgelegenheiten finden sich nun an einer Wand (gegenüber wurden ein geräumiger Kleiderschrank und ein Schreibtisch eingerichtet). Der Boden aus Nussholzlaminat und die dunkle Lasur des Bettkastens des rechten Bettes vermitteln ein angemessenes Maß an Wohnlichkeit. Das rechte Bett ist trotz der Tatsache, dass es sich nicht um eine Schlafcouch, sondern um ein normales Bett mit Bettkasten handelt, als Sitzgelegenheit nutzbar, denn an die Wand wurde ein mit Schaumstoff und einem Stoffbezug ausgestattetes einfaches Holzbrett zum gemütlichen Anlehnen längs an die Wand gehängt. Zwei solcher Betten hätten dem Raum jedoch ein wenig an Wohnlichkeit genommen. Deshalb besteht das zweite Bett aus einer ausziehbaren Schlafcouch, die tagsüber als reines und wohnliches Sitzmöbel dient.

Beide Bereiche sind mit eigenem (Lese-)Licht ausgestattet. Die Einrichtung ist nicht zu verspielt, wie bei kleinen Jungs, sondern eher »männlich-nüchtern«, ohne dabei allerdings langweilig zu wirken. Dazu tragen auch die kräftigen Farben der Möbel und des Bodens bei, die mit ihren dunklen Blautönen und dem Braun des dunkel lasierten Holzes im Kontrast zu den hellen Wandfarben eine eher gedämpfte, eine fast »erwachsene« Atmosphäre hervorrufen.

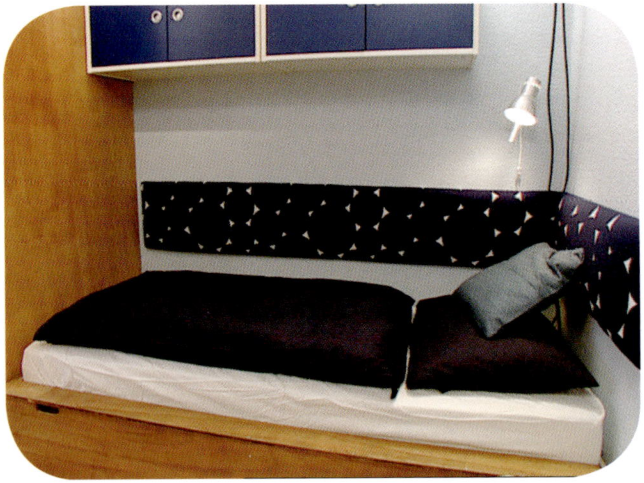

Eine Trennwand montieren

Eine Trennwand , die einen gewissen Sichtschutz und damit ein Mindestmaß an Intimität diesseits und jenseits der Wand ermöglicht, ist ein probates Mittel zur Trennung von Lebensbereichen in einem Zimmer, das von zwei Personen bewohnt wird. Und sie ist relativ leicht zu montieren.

Die Trennwand wird nach dem Feder-Nut-Prinzip an der Wand befestigt. Das heißt, zunächst muss eine Holzlatte an der Wand befestigt werden. Da über diese Holzlatte später die Längsseite der Wand aufgesteckt wird, setzt die Latte eine gewisse Dicke voraus. Um wegen der Dicke die Schraubenlänge zu begrenzen, werden mit einem Forsterbohrer Sackbohrungen vorgenommen, sodass die Schrauben tiefer im Holz und somit auch tiefer in der Wand versenkt werden können.

Die mit Sackbohrungen versehene Holzlatte wird mit Schrauben fest in der Zimmerwand verankert. Die Holzlatte sollte zuvor natürlich mittels einer Wasserwaage gerade ausgerichtet worden sein. Wegen der Sackbohrungen benötigt man für eine ausreichende Stabilität keine Schrauben mit Überlänge.

Die Trennwand – hier noch im hellen, unlasierten Zustand – wird mit der Längsseite, die eine entsprechende Vertiefung aufweist, auf die an der Zimmerwand befindliche Holzlatte gesteckt und befestigt.

Die fertige Trennwand trennt deutlich die beiden Lebensbereiche, ohne dabei allzu sehr im Vordergrund zu stehen. Mit ihrer dunklen Holzlasur, mit der auch der Bettkasten des rechten Betts behandelt wurde, weist sie ähnliche Farbwerte wie das Nussholzlaminat auf und fügt sich damit harmonisch in die Gesamtkonzeption.

Stauraum-Tipp: Bettkastenverblendung

Bettkästen oder Podeste von der Höhe, wie sie auch in diesem Zimmer Verwendung finden, bieten sich als Stauraum geradezu an. Um nicht permanent in das Chaos unter dem Bett schauen zu müssen, sollte man eine entsprechende Verblendung entweder selbst anfertigen oder anfertigen lassen. Befestigt wird sie mit einfachen, beidseitig aufgeklebten Klettbändern. Eine praktikable und einfache Lösung, die einen sauberen und aufgeräumten Eindruck macht.

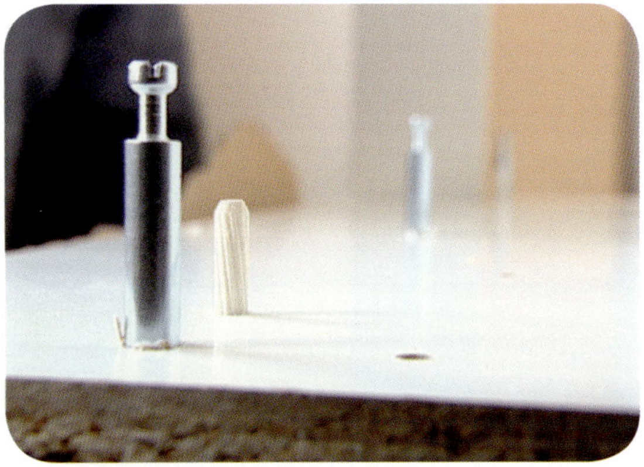

Eine kuriose Zimmeraufteilung

Um nicht jedes Mal gestört zu werden, wenn Schwester oder Mutter an den Schrank müssen, wurde dieser so gestellt, dass er eine Art künstliche Wand zum eigentlichen Raum der jungen Bewohnerin bildet. Zwischen dem Schrank und einem auf gleicher Höhe aufgestellten Regal gibt es lediglich einen sehr schmalen Durchgang, der ins Zimmer führt. Hier passt ein Erwachsener kaum noch durch – jedenfalls hat das *Einsatz in 4 Wänden*-Team echte Schwierigkeiten, den Raum zu betreten, ohne das Regal umzuwerfen.
Von hinten, also von der Zimmerseite aus betrachtet, hat die Bewohnerin die Rückseite des Schrankes mit einem gelben und einem grünen Tuch bespannt – eine Idee, die aus Verzweiflung geboren wurde, aber beileibe keine wirkliche Verschönerung darstellt. Hier ist also eine intelligente Stauraum-Lösung gefragt.

DER BEGEHBARE KLEIDERSCHRANK

Der Kleiderschrank im Eingangsbereich dieses Zimmers einer 13-Jährigen ist so aufgestellt, dass er eine Art Korridor bildet. Und das hat einen ganz einfachen Grund: Auch ihre Schwester und ihre Mutter haben hier einen Teil ihrer Klamotten untergebracht.

Tines Tipp!

Aufarbeiten alter Möbel

Aus alten Möbeln lässt sich mit Hilfe von Fantasie und wenig Geld ein echter Hingucker zaubern. Dieser Schreibtisch ist ein Erbstück aus meiner Studienzeit: Als meine Tante ihn mir vermacht hat, war seine Oberfläche angegriffen und fleckig; der ursprüngliche Eiche-rustikal-Look entsprach nicht gerade meiner Wunschvorstellung. Die Erlösung kam in Form von Schleifpapier und blauem Lack, den ich auf der Oberfläche in einer Wellenform (den Pinsel dabei ganz locker in der Hand halten, nicht zu sehr aufdrücken und mit Schwung führen, sodass der gewünschte Effekt entsteht) aufgetragen habe. Jetzt will ich den alten Tisch nicht mehr missen – er erinnert mich ans Meer, und die Zeiten, die ich an ihm verbringe, wenn ich meine Bücher schreibe, nenne ich meine »blauen Stunden«.

SO GEHT'S AUCH!

DIE LÖSUNG

Die Antwort ist eine Mini-Kleiderkammer, ein begehbarer Kleiderschrank. Die einfachen weißen Schrankelemente sind so aufgestellt, dass sie eine Art Raum im Raum ergeben. Für die junge Bewohnerin besteht vom Zimmer aus ein Zugang zu ihrer kleinen Kleiderkammer durch einen verspielten roten Perlenvorhang. Das Rot des Perlenvorhangs und das Weiß der Schrankelemente führen die im übrigen Zimmer ebenfalls eingesetzte Kombination von Rot und Weiß als farbliches Grundthema fort.

Die der Eingangstür des Zimmers zugewandte Seite der Schrankkonstellation ist im Gegensatz zu den im Inneren der Kleiderkammer verwendeten offenen Schrankelementen mit Schranktüren versehen, hinter

Tines Tipp!

Kleider machen Räume

Riesige Monster von Kleiderschränken – am besten pechschwarz oder mit Oberflächen aus billigstem Furnier, mit Spiegelfront, wackelnden Regalen und klemmenden Türen – sind ein Alptraum: Nie findet man, was man sucht; manchmal findet man ganz hinten allerdings Sachen, die man eigentlich nie wieder sehen wollte; und von außen macht man bei dem Ding die Augen am besten ganz fest zu. Ich persönlich hasse solche Schrankungetüme! Deshalb habe ich meine Kleidung lieber auf »luftigere« Art und Weise verstaut: Ein offenes Schranksystem, das mit Hilfe von Stangen aufgestellt wird, bietet viel Platz sowohl für hängende als auch für liegende Kleidung und kann gleichzeitig einen Raum gliedern – im Gegensatz zu einem großen Schrank, der wenig Aufstell-Variationen bietet. Jetzt fehlt nicht mehr viel, um auch einen reinen Aufbewahrungsraum wohnlich zu machen: Hierfür reichen schon ein paar Hocker – und ein weicher Teppich, damit auch barfuß das Aussuchen der Garderobe zum Vergnügen wird. Das Ausmisten fällt bei diesem Aufbewahrungssystem besonders leicht, denn was man nicht mehr trägt, das staubt zugegebenermaßen schneller ein als in einem geschlossenen Schrank. Und genau das hat seinen Vorteil! Schließlich kann man das, was man ein Jahr nicht mehr getragen hat, in den meisten Fällen gnadenlos rausschmeißen – ab zu ebay damit, in den Spendenfundus oder auf den Flohmarkt.

denen sich die Kleidungsstücke der Schwester und der Mutter verstauen lassen. Und um auch hier für ein gewisses Maß an überschaubarer Ordnung zu sorgen, klebt Tine die Namen der Schwester und der Mutter auf die Schranktüren. So sind die Stauräume deutlich voneinander getrennt, und weder die Schwester noch die Mutter müssen quer durch den Raum, um an ihre Klamotten zu gelangen.

EIN KINDER-TRAUM IN ROSA

Kein bisschen Platz für rosarote Mädchenträumerei

Dabei hat das 6-jährige Mädchen, dessen Zimmer hier zu sehen ist, durchaus ein erkennbares Bedürfnis nach ein wenig Mädchenromantik: Der blaue, mit Sternen und Monden geschmückte Betthimmel spricht Bände! Die Kleine wollte nun allerdings keine Kompromisse mehr, sie wollte – und damit teilt sie wohl den Geschmack der meisten Mädchen in diesem Alter – ein echtes Traumzimmer in Rosa- und Rottönen. Und weil das *Einsatz in 4 Wänden*-Team gerade nichts Besseres zu tun hatte, ging's gleich frisch ans Werk. Und hier war wirklich einiges zu tun: ein kompletter Raum-Relaunch!

Um es ganz klar zu sagen: Ein solcher Monsterschrank ohne Türen, in dem auch noch Erwachsenen-Klamotten untergebracht sind, hat im Zimmer einer kleinen Prinzessin nichts zu suchen. Ein solches Monstrum lässt einfach beim besten Willen nicht den Hauch von Romantik zu.

SO GEHT'S AUCH!

DIE LÖSUNG

Eine Kleine-Mädchen-Fantasie in rosarot – das war diesmal der Auftrag, und zwar konsequent und kompromisslos. Dazu hieß es als Erstes: raus mit dem gigantischen Kleiderschrank und komplett neue Möbel rein. Auch der Boden wurde mit einem neuen, hellen Laminat ausgestattet. Das vorherrschende Farbthema war ja vorgegeben: Rosarot sollte es werden. Also wurden alle Stoffe, Möbeloberflächen, Wandflächen und sämtliche Utensilien dieser Grundfarbe untergeordnet. Was allerdings nicht heißt, dass bei einer solchen Durchkomponierung eines Farbthemas alles in der gleichen Farbe daherkommen sollte. Ganz im Gegenteil: Das wäre nämlich sehr eintönig und damit langweilig.

Die verwendeten Rosa- und Rottöne wurden natürlich in unterschiedlichen Schattierungen auf den Wänden aufgebracht. Das Gleiche gilt für die verwendeten Möbel und Ausstattungsutensilien. So kann man

den Wänden und im Zusammenspiel mit den Möbeln und Regalen sogar dem ganzen Zimmer eine optische Struktur geben. Gegen Eintönigkeit und Langeweile in der Gestaltung sind zudem Farbkontraste geeignet, die allerdings nicht zu wild ausfallen sollten, weil sonst der Gesamteindruck wiederum zu unruhig wird. Deshalb wird der Hauptkontrast vor allem durch das verwendete Weiß erzielt. Farbliche Akzente mit Grün oder mit einem dunkleren Rot oder Orange kann man spielerisch z.B. mit aufgemalten Wandblumen oder Kissen setzen. Auch die Oberflächen des neuen, sehr viel kleineren und reinen Kinderkleiderschranks wurden in diesem Sinne farblich gestaltet.

Wichtig für eine kindgerechte Einrichtung sind natürlich auch die vielen kleinen Details wie Spiegel oder kleine Aufbewahrungskästchen mit einem grünen Deckel, die an der Wand angebracht werden, und vieles mehr. Und schließlich und endlich dürfen für Kinder in diesem Alter auch einmal kindgerechte lustige runde Formen wie z.B. am Schreibtisch zum Einsatz kommen.

Also: Egal, welches farbliche Grundthema man nun von Fall zu Fall bevorzugt, egal, ob Jung oder Alt – es lohnt sich manchmal wirklich, ein Farbthema konsequent durchzukomponieren. Was man braucht, ist ein wenig Mut und ein gewisses Gefühl für Farbharmonien und Farbkontraste. Und dann bekommt man auch ein solches Zimmer hin: ein echtes Hollywood-Bonbon für die kleine Prinzessin.

EIN KREIS-RUNDES KINDER-PARADIES

Sie sollen es doch schön haben, unsere lieben Kleinen. Und damit es in Kinderzimmern auch wirklich hübsch aussieht, wird im Handel eine Vielzahl von kindgerechten Ausstattungsdetails angeboten: vom Teppichboden über Bettwäsche, Tapeten und Gardinen bis hin zu entsprechenden Möbeln. Und aus diesem Angebot bedienen sich – wie in diesem Fall auch – die meisten Eltern beim Einrichten ihrer Kinderzimmer.

Ein Durcheinander verschiedenster Muster

Oftmals herrscht im Kinderzimmer ein einziges Durcheinander verschiedenster Muster. So auch hier. Man erkennt deutlich das Bemühen, die Farben – in diesem Fall Blautöne – aufeinander abzustimmen. Doch in seiner Gesamtheit wirkt das Zimmer für den kleinen Jungen im Kindergartenalter und seine noch jüngere Schwester ein wenig unruhig und unordentlich: Ein kleinteiliges Muster auf dem dunkelblauen Teppich wird ergänzt durch ein ebenso kleinteiliges Muster der Bordüre, die eine in Himmelblau changierende Tapete auf halber Wandhöhe abschließt. Und zu guter Letzt weist auch die Gardine noch ein kleinteiliges Muster auf.

Die Wohnsituation der Familie erforderte in diesem Fall aus verschiedenen Gründen einen Zimmerwechsel, das heißt, die Kinder sollten in ein anderes Zimmer umziehen, in dem sich bereits ein relativ geräumiger Kleiderschrank aus Naturholz befand. Alles in allem beste Voraussetzungen, für die Neugestaltung dieses Kinderzimmers ein ganz neues Konzept zu verwirklichen und dieses Konzept ähnlich konsequent wie den Mädchentraum in rosa von Seite 133 durchzukomponieren.

SO GEHT'S AUCH!

DIE LÖSUNG

Kunterbunte Kinderwelt – das war das bestimmende Thema, das vom *Einsatz in 4 Wänden*-Team in diesem kleinen Kinderparadies verwirklicht wurde. Die bestimmende Form ist der Kreis. Das sich überlappende, farblich aufeinander abgestimmte Kreismuster erstreckt sich über die Wände und die Eingangstür und wurde auch bei der Auswahl der Deckenlampen konsequent berücksichtigt.

Die Deckenlampen sind mit einfachen Papierschirmen ausgestattet, die ursprünglich weiß waren. Bevor sie montiert wurden, haben die Kinder sie aber in Zusammenarbeit mit ihrer Mutter in passenden Farben angemalt. Diese Lampenschirme eignen sich jedoch nicht nur als Lichtverteiler um eine Birne. Zieht man sie nicht auseinander und belässt sie in ihrer flachen Form, können sie, ebenfalls farblich gestaltet, als kreisrunder Deckenschmuck angebracht werden und somit für ein paar weitere Farbtupfer sorgen.

Als die bestimmenden Farben dieses Raumes wurden – obwohl man gerade in Kinderzimmern dazu verführt sein mag – keine allzu knalligen, aufdringlichen Farben gewählt. Kräftige Farben hätten mit ihrer starken optischen Präsenz das Zimmer viel zu unruhig erscheinen lassen. Stattdessen wurden gedeckte Pastelltöne von tauben- über azurblau, flieder, lind- und mintgrün eingesetzt, farblich aufgelockert durch Gelb- und Orangetöne. Die Farbpalette wurde auch konsequent bei der Auswahl des Gardinenstoffes, der Bettwäsche und bei der Gestaltung des Schreibtisches sowie des Bettgestelles und des Holzschrankes fortgeführt. Bei der Gestaltung des Schrankes wurde darauf geachtet, die Farbflächen nicht allzu symmetrisch anzuordnen, um den Gesamteindruck nicht zu langweilig erscheinen zu lassen. So strahlt schließlich das ganze Zimmer eine fröhliche Atmosphäre aus.

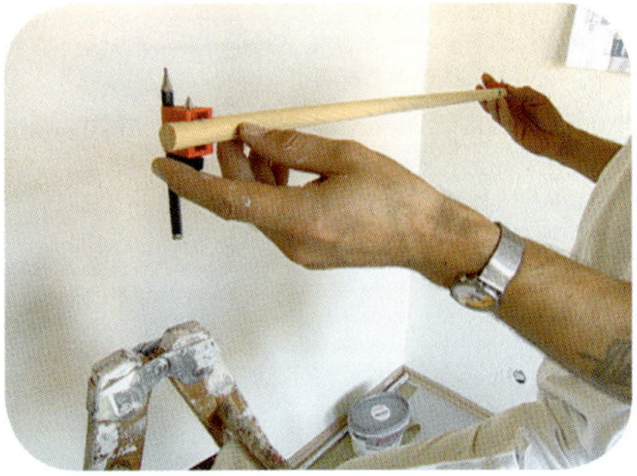

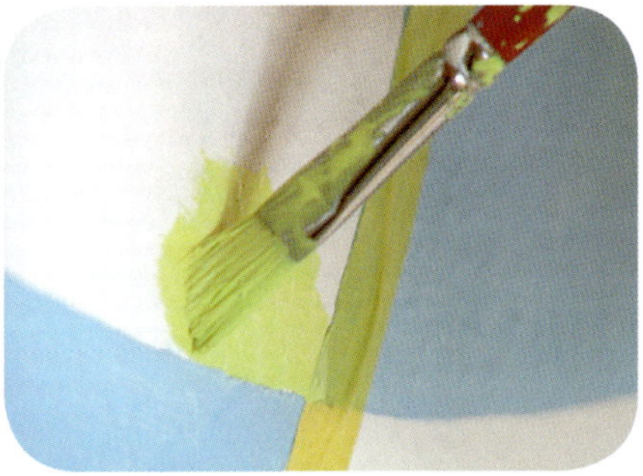

Kreise an der Wand

Um Kreismuster auf einer Wand farblich sauber ausmalen zu können, sollte man sich eines ganz einfachen Handwerkertricks bedienen. Man besorgt sich im Baumarkt einen Holzstab in der Länge des größten Kreisradius, den man auftragen möchte. Des Weiteren besorgt man sich zwei Zirkelelemente, die sich mit einer Klemmvorrichtung an diesem Stab befestigen lassen. Die eine Zirkeleinheit wird mit ihrem Dorn in das Zentrum des gewünschten Kreises (oder Halbkreises) an der Wand durch leichten Druck fixiert. In das andere Zirkelelement klemmt man einen Bleistift. Nun kann man mit dem Bleistift um das fixierte andere Zirkelende sauber einen Kreis aufzeichnen und entlang dieser Linie – mit ruhiger Hand – die unterschiedlichen Farben auftragen.

Der Tafelschrank

Wenn Sie für Ihre Kinder einen Holzschrank farblich neu gestalten, sollten Sie – je nach Alter ihrer Kinder – in jedem Fall auch über folgende Ausstattungsmöglichkeit nachdenken: Je nach Bedarf können größere oder auch kleinere Flächen, die man schwarz vorgestrichen hat, mit dunkelgrünem Schultafellack lackiert werden. Dieser Speziallack verwandelt die so behandelte Fläche in eine Tafel, auf der die lieben Kleinen ihrem kreativen Drang mit bunter Kreide nach Herzenslust freien Lauf lassen können.

REGISTER

A

Abstellfläche, Küche 10ff., 14f.
Abtropfregal 15
Arbeits- und Schlafzimmer kombiniert 49ff., 58-61, 75
Arbeits- und Wohnzimmer kombiniert 86ff.
Arbeitsfläche, Küche 10f., 13-16, 20ff., 31
Arbeitsnische 49 ff., 75-80
Art déco 44f.
Aufarbeiten alter Möbel 130
Aufbewahrungskasten 27
Aufhängen
- Klappstühle 17, 19
- Kissen 22, 38
- Küchenkräuter 11
- Sideboards 61
- Sitzkissen 23
- Taschen 62

Aufspannen, Stoff 94, 124

B

Bambus-Rollo 50f., 90f., 97f.
Bank 18, 108
Bar 85
Bett 35-60, 70-74, 110, 125f., 128
- Rückenlehne 38
- Bettkasten 59f., 128
- Kopfteil 74

Blau 38
Bodenbelag
- kombiniert 68
- Laminat 59, 68-70, 115
- Teppich 61, 68-70, 83
- Trittschalldämpfung 59

Bunsenbrenner 20

D

Dachschrägen 39f., 42, 46ff.
Deckenfluter 13
Dekoration, funktional 62

E

Eckbank 18
Einbauschrank 40, 42
Ess-, Wohn- und Schlafzimmer kombiniert 72ff.
Essbereich 21, 72f.
Esstisch 16-19, 21f., 72f., 86f.
- klappbar 17

Etagenbett 113

F

Farben (Komposition und Wirkung) 54f., 57, 66, 71, 75, 95, 102, 123, 134f., 138
Fenster 52, 116
Fensternischen 86ff.
Fernseher 98
Fliesen 10-13
Funktionalität 8f.
Fußball 114f.

G

Garderobe 40
Gardine 12, 71, 73, 103f.
- Gardinenalternative 52

Gastherme 15
Gelb 100f.
Gesamtkonzeption 44f.
Goldlack 56

H

Hängelampen 20
Hängeschrank 27, 33, 44f.
Heizkörper 88-91
Herd 10f., 21ff., 26f.
Hochbett 111f., 114, 117f.

Hocker 22
Hohe Decken 118
Holzfront 14
Holzpalisade 79

I

Indirekte Beleuchtung 46ff., 84f., 122, 124

J

Jugendzimmer 109-140
Junggesellen 13-15

K

Kanthölzer 85
Kantholzgestell 31
Katzenklappe 32
Kinderparadies 136ff.
Kinderzimmer 109-140
Kissen 38
Klappstühle 17
Klavier 117, 119
Kleiderschrank 40f.
 begehbar 129, 131f.
 mobil 119
Klemmlampen 12, 14, 48
Klettband 74, 128
Kombinationsräume 49ff., 57-80, 86ff.
Kommode 74
Kontraste 102
Kopfteil 74
Kreide 140
Kreis 137ff.
Krimskrams 41, 62
Küche 9-34
Küchenblock 22f., 26f
Küchengeräte 10ff., 31
Küchenkräuter 11, 14, 27
Küchenschrank 20f.
Küchenzeile 10f., 13f.
Kühlschrank 13f.

L

Lack 88, 130
Laminat 59, 68-70, 115
Lampen 12f. , 27, 105
 Deckenfluter 13
 Hängelampen 20
 Klemmlampen 12, 14, 48
 Leselampe 48, 61, 112
 Leuchtstoffröhren 47, 48, 85
 Leuchtwand 122, 124
 Neonröhren 124
Leseecke 56, 59-61
Lesesessel 61
Leuchtstoffröhren 47, 48, 85
Leuchtwand 122, 124
Licht 46, 47, 48, 105, 121
Lounge 22f.

M

Magnetwand 27
MDF-Platten 11, 40, 42, 47, 86ff., 90, 97f.
Miniküche 16f.
Montagekleber 59
Mülleimer 15
Multifunktionsbühne 59
Multifunktionslösungen 9
Multifunktionsraum 57

N

Neonröhren 124
Nischen 86ff.

O

Offenes Kleidergestell 39

P

Paneel 55
Pastelltöne 138
Podest 22, 37, 56, 59ff., 83ff., 128
Pressspan 59, 84f.

R

Radiator 88-91
Rahmenkonstruktion 59
Raum im Raum 131

Raumteiler 49ff., 57, 66f., 70f., 73f., 79, 126f.
Regal 14, 30f., 37, 40f., 66f., 73, 92-98, 102, 107, 117ff.
Körbe 41
Sitzregal 108
Regalfenster, beleuchtetes 30f.
Rohr 15
Rollo-Schrank 80
Rolltisch 41
Rosarot 134f.
Rot 100f.
Rückenlehne 38, 126

S

Schablonen 32, 56
Schallplatten 94
Schiebetüren 77, 92-95, 97f.
Schlaf- und Arbeitszimmer kombiniert 49ff., 58-61
Schlaf- und Wohnzimmer kombiniert 63-66, 68-71
Schlaf-, Wohn- und Esszimmer kombiniert 72ff.
Schlafzimmer 35-56
Schminktisch 56
Schrank 44f.
Hängeschrank 27, 33, 44f.
Kleiderschrank 40f.
begehbar 129, 131f.
mobil 119
Küchenschrank 20f.
Rollo-Schrank 80
Spind 85, 94
Stahlschrank 80
Tafelschrank 140
Schrank-Schreibtisch-Bett-Kombination 110
Schrankwand 92-95, 103ff.
Schreibtisch 75-80
in Schrankwand 76f.
Schubladenelement 30
Schuhcreme 20
Schultafellack 140
Sicherheit 112, 120
Sichtblende 87-91
mobil 96ff.
Sichtschutz 12, 49-52, 57, 66f., 70f., 73f., 79, 103f., 126f.
Sideboard 44f., 61, 102
Singlehaushalt 16f.
Sitzgruppe 83, 103f., 107
Sitzkissen 22f., 84
Sitzregal 108
Sockelkonstruktion 87f.
Spiegel 44f., 56
Spind 85, 94
Spritzschutz 10f.
Spüle 10f., 13, 15
rund 22
Spülmaschine 10, 12
Stahlschrank 80
Staukästen 41
Stauraum 9, 12f., 28ff., 39-45, 73, 95- 98, 103-107, 117f., 128f., 132
Stoff, aufgespannt 94, 124
Stühle 17ff.
Klappstühle 17ff.

T

Tackern 94
Tafel 14
Tafelschrank 140
Taschenbehang 120
Taschenwand 62
Teppich 61, 68-70, 83
fliegender 83ff.
Tines Tipp 12, 15, 20, 32, 41, 56, 62, 67, 74, 85, 94, 98, 116, 123, 130, 132
Tisch
Esstisch 16-23, 72f., 86f.
Kindertisch 134f.
klappbar 17
Schminktisch 56
Schreibtisch 75-80
in Schrankwand 76f.
Tischplatte 20
Trittschalldämpfung 59
Trockner 12
Türstopper 83ff.

U

Übergangsprofil 68f.
Unordnung 96ff.
Unterbauschränke 14, 30

V

Verkleidung 12
Verstecken
- Altglas 15
- Altpapier 15
- Arbeitsnische 75f., 78f.
- Bett 59ff.
- Fliesen 10ff.
- Gastherme 15
- Heizkörper 88-91
- Katzenklo 32
- Küchengeräte 12
- Lichtquelle 47f
- Mülleimer 15
- Regal 96ff.
- Rohre 15
- Unordnung 96ff.
- Wasseranschluss 15
- Wasseruhr 15

Vorhang 40ff., 75, 78, 116

W

Wandbehang 52
Wandschmuck 44f.
Waschmaschine 10, 12
Wasseranschluss 15
Wasseruhr 15
Weiß 71
Wellenlackierung 130
WG 13-15, 24-29
Wohn- und Arbeitszimmer kombiniert 77-80, 86ff.
Wohn- und Schlafzimmer kombiniert 63-66, 68-71
Wohn-, Schlaf- und Esszimmer kombiniert 72ff.
Wohnungstypen 8
Wohnzimmer 81-108

Z

Zweipersonenhaushalt 21- 27